青年律师必备市场营销指南

从菜鸟到合伙人
手把手教你一步一步拓展客户

THE ULTIMATE LAW FIRM ASSOCIATE'S MARKETING CHECKLIST

the renowned step-by-step, year-by-year process
for lawyers who want to develop clients

[美] 罗斯·费什曼 ◎ 著
Ross Fishman J.D.

张逸群 ◎ 编译

中国财经出版传媒集团
经济科学出版社
Economic Science Press

图字：01-2018-3752

Copyright© 2016 by Fishman Marketing，Inc.

图书在版编目（CIP）数据

青年律师必备：市场营销指南：从菜鸟到合伙人，手把手教你一步一步拓展客户/（美）罗斯·费什曼著；张逸群编译.—北京：经济科学出版社，2018.6（2022.6重印）
书名原文：The Ultimate Law Firm Associate's Marketing Checklist
ISBN 978-7-5141-9447-0

Ⅰ.①青⋯ Ⅱ.①罗⋯②张⋯ Ⅲ.①律师-工作 Ⅳ.①D916.5

中国版本图书馆CIP数据核字（2018）第136921号

责任编辑：孙丽丽　纪小小
责任校对：王苗苗
版式设计：齐　杰
责任印制：范　艳

青年律师必备：市场营销指南
从菜鸟到合伙人，手把手教你一步一步拓展客户
〔美〕罗斯·费什曼　著
张逸群　编译
经济科学出版社出版、发行　新华书店经销
社址：北京市海淀区阜成路甲28号　邮编：100142
总编部电话：010-88191217　发行部电话：010-88191522
网址：www.esp.com.cn
电子邮件：esp@esp.com.cn
天猫网店：经济科学出版社旗舰店
网址：http://jjkxcbs.tmall.com
北京季蜂印刷有限公司印装
880×1230 32开　5印张　83000字
2018年6月第1版　2022年6月第3次印刷
ISBN 978-7-5141-9447-0　定价：36.00元
（图书出现印装问题，本社负责调换。电话：010-88191510）
（版权所有　侵权必究　举报电话：010-88191586
电子邮箱：dbts@esp.com.cn）

题　　献

　　谨以本书献给那些在大大小小的律师事务所努力奋斗着的青年律师——你们掌握着一门极为复杂又极具挑战性的"手艺"，每天都要面对极为挑剔的资深律师、合伙人，以及那些有着层出不穷需求的客户。你们毕业之后面临着不确定的经济环境、"信息碎片化"时代、极高的工作强度以及较低的客户忠诚度——手握一份属于自己的客户名单便成为在这一行业拥有一张"职业安全网"的重要途径。

　　如果你对此表示认同，那这本书就可以成为一本能够帮助你的小书。

　　同时，以此书献给那些伏案辛勤工作、每日穿越更多荆棘的公司法律顾问——你们作为所有外聘律师及律师事务所取得成功的助力者，都是极为聪颖、最慷慨的专业人士——能拥有你们作为朋友及"战友"，我倍感幸运。

　　最重要的是，我要在此感谢我的妻子凯蒂（Kitty）以及我的四个孩子安德鲁（Andrew）、罗伯（Rob）、乔纳森（Jonathan）和艾丽莎（Elyssa），你们让我的每一天都充满欢乐，也是你们让我一不留心就成为这个世界上最幸运的人。

推荐序

在许多行业中，市场营销都只是企业的市场部门和高层管理者需要思考的问题。然而，在律师行业中，市场营销却是每一位律师都逃不开的必修课。许多青年律师初出校门，尚未积累起足够能力和经验，就要独自面对市场的风浪。

对于市场营销，律师们常常持这样两种态度：有的人看到了市场营销的重要意义，把大量时间花在参加社交活动上，难以专注于服务本身；有的人以专业为立身之本，不屑于进行市场营销，把"酒香不怕巷子深"奉为真理。

这两种截然相反的态度却指向一个共同的事实：律师们对于市场营销并不了解，更难采取有效的市场营销方式助力自身的职业发展。

希望这本小册子可以成为青年律师们解开这个难题的一把钥匙。它把市场营销这个有些玄乎的话题，落在青年律师在不同成长阶段的行动指南上，甚至落在具体的沟通技巧上。特别值得一提的是，本书的译者张逸群曾经在天同律师事务所负责市场部门的工作，此次她结合自身经验进行的编译，会让这些来自美国营销大师的建议更具实操性。当然，从本质上说，无论是美国律师还是中国律师，市场营销的逻辑都是相通的。

法律服务的人身依赖性和服务后置性，意味着服务者必须参与到市场营销中来。只有建立起客户对服务者的信任，后续的服务才会成为可能。难题在于，如何让客户在接受服务之前，就信任未来服务的质量。你需要练就扎实的专业功底，同时知晓如何在不同场景下，以最恰当的方式，向客户展现这种功底和你提供服务的诚意。

需要注意的是，专业功底永远是律师的立身之本。市场营销是律师展现专业功底的方式，而不能代替专业功底本身。这两者之间的先后顺序不可颠倒，并且需要你在不同的成长阶段，恰当地分配精力。这不是一件简单的事情，而是一门综合的技艺。如果说天同律师事务所这些年在市场营销上取得了一些成绩，也只是因为我们在这门技艺上有了一些积极的实践：前十年苦练内力，打磨出独具特色的业务流程和"三大诉讼法宝"，而后借着互联网的浪潮，向更多人开放分享。我们很荣幸得到了越来越多的信任，也会更加努力，不辜负这些信任。

我想，这种通过努力赢得陌生人的珍贵信任，并且在未来持续维系与深化信任的体验，其实也正是律师这个职业的一大魅力之所在吧。

　　希望每一位青年律师都能从这本册子中有所收获，真正享受律师职业，并且在这个过程中，更加从容地成长。

蒋　勇

天同律师事务所首席合伙人

无讼网络科技创始人

译者序

在从执业律师正式进入法律市场咨询行业时，我有幸读到了这本书——《青年律师必备：市场营销指南》。作为美国法律市场营销领域的顶级专家之一，罗斯·费什曼先生在这份指南当中为青年律师列出了从新入行开始每一年需要完成的市场营销和业务拓展工作，以及完成这些工作的方法和技巧，希望帮助青年律师在繁忙的工作之余迅速完成"市场积累"。这与我在国内读到的许多笼统地讲述青年律师必须树立个人品牌、青年律师要学会积累社会资源的文章和专著有极大的区别。因此，我十分希望能有机会为国内的青年律师推荐这本小书，以减轻这些长期处于"坚难"模式下的专业服务提供者的焦虑、困惑和不安。

在阅读和翻译的过程中，我发现《青年律师必备：市场营销指南》当中有些内容对国内的法学院学生和青年律师可能并不适用，比如有关 Facebook、Twitter、Youtube 的使用方法和技巧。因此，我依据自己以往作为诉讼律师的执业经历以及在国内外多家律师事务所负责市场工作的经验，对这些内容进行了"本土化改造"，加入了关于微信、微博以及视频平台的内容。此外，我还对费什曼先生在书中提到的一些对国内的青年律师来说比较新鲜的"技巧"进行了内容上的扩充，包括"电梯演讲"（elevator speech）、积极聆听（active listening）、竞争性情报（competitive intelligence）等，希望能以此加强这本小书的实操性。在此，我也十分感谢费什曼先生对我的信任与支持。

费什曼先生在书中反复强调——希望青年律师能在执业过程中挖掘自己真正的兴趣，并努力将兴趣与执业生涯融合在一起，让自己每天都对工作充满百分之百的热情。我也期待这本小书能帮助每一位国内的青年律师"发现自己的热爱"，并又支持你"热爱自己的发现"。

概　　述

　　市场营销并不困难——制定一个合理的计划，然后一步一步坚实地执行自己的计划。每天坚持做一些工作，每周坚持做一些工作，每年坚持做一些工作——滴水穿石。当然，在开始日复一日地工作之前，你需要确定你的规划"走在"正确的方向上，以免耗费大把时间去做无用功。

　　这本书的目的就是帮助你明确什么是正确的轨道。

　　以下是在阅读这本书之前要明确的一些基本观念：

■　想要成为出色的律师，既要重视专业技能的提高，也要重视客户服务能力的培养。归根结底，你不可能一味地开发客户、引入案源，还要有真才实学，通过代理案件才能逐步成长为成熟的律师以及能负责一个业务团队的合伙人。

■　相较于快速消费品或者普通的服务提供商，对于律师来说，通过市场营销树立个人口碑可能需要更长时间。因此，青年律师需要学会进行长期的市场营销"基础建设"规划，设定远期目标，也要有耐心及毅力。

■ 身处信息碎片化以及社交媒体爆发的时代，相比上
一代律师，青年律师必须学会充分利用社交媒体以
及其他线上工具完成人际关系拓展及管理。

■ 加入当地律师协会，认识你的"战友"，积极参与
协会的活动，不断积累专业经验。

■ 逐步、适时增加参与律师事务所对外市场营销以及
律师社交活动的次数——学会塑造个人品牌。

■ 挖掘一个你感兴趣的、相对具体的细分领域或者
"利基市场"①，避免成为"万金油型"的通才律
师；寻找一个你有机会成为首席专家的领域，专注
于自己选择的细分领域，在进行市场营销或者业务
拓展时以细分领域或者利基市场的企业及个人作为
目标客户。

■ 时刻牢记：挖掘、寻找向现有客户进行交叉销售②
的机会——挖掘现有客户新需求的成本远远低于开
发一个新客户的成本；交叉销售也会相对提高客户
忠诚度。

■ 当有了一定的资历之后，你要在办公室之外多花些

---

① 利基市场：已有市场绝对优势的律师事务所/合伙人忽略的某些细分
市场。

② 交叉销售：发现现有客户的需求，并通过满足其需求实现销售多种相
关服务。

时间，多与潜在客户以及那些可以为你介绍客户、案源的"重要联系人"沟通交流。

　　以上是一些基本观念，具体操作细节将在这本书的后续章节中逐一展开。

前　　言

　　律师，一个极具挑战性、极具竞争性的行业，这也导致大部分律师长期生活在"困难"（hard）模式下。他们非常希望了解自己的实际工作水平，希望了解自己能否达到或者超越了所在团队、所在律师事务所以及所在领域律师的平均水准。更令人焦虑的是，这种"行业焦虑"并不会随着经验的积累而减少，反而会逐年增加——随着执业年限的增加，律师往往会越来越渴望了解在从资深律师成长为律师事务所合伙人的这条并不容易的道路上自己能否算得上拼尽了全力，还是自己身上其实仍有尚未开发的潜力、仍在沉睡的资源。目前，绝大多数律师事务所在衡量资深律师能否晋升为合伙人时，都会主要考察资深律师开展市场活动、拓展并维护客户的能力以及是否拥有属于自己的客户。资深律师想要"拼尽全力"，就必须在这些方面多下功夫、多花时间，但也要找对方法，以求事半功倍。

　　我经常会见到一些非常聪明、才华横溢、十分有干劲的资深律师或者初级合伙人，他们长期高强度工作，还要马不停蹄地拓展客户，却常常毫无所成。在详细了解了他们坚持进行的那些市场活动之后，我发现他们做的许多市场工作本身的成功率就微乎其微，就算这些律师废寝忘食、踏踏实实地去执行市场规划，也无法获得期待的市场效果。我不想当面打击他们，尽管很多时候我内心在大喊："其实，你这么做根本就不可能取得成功！"我并不认为这些律师的做法算得上"犯了严重的错误"，他们的问题在于没有听到过行之有效、具有针对性的市场工作建议，或者说他们根本没有在市场工作上受到过任何专业训练或者专业建议。

我还非常清楚地记得，在我做诉讼律师的那段时间，律师事务所每年组织的关于律师市场营销及业务拓展的技巧培训也就寥寥几个小时。最终，我选择离开了律师行业，转行全职从事律师事务所的市场营销工作——先是在一家大型律师事务所担任市场总监，随后又担任市场合伙人。在此期间，我的办公室总会不间断地有青年律师来访，急切地需要我提供一些实用的市场建议或者实际的帮助——因为他们从自己的合伙人或者导师那里能听到的市场营销方面的指导大部分都是："喏，想当年我自己是这样做的……"（以这些合伙人的年龄，这些建议大部分都依托于三四十年前还没有互联网或者线上营销时，专业律师进行市场营销的工作方式）。

　　在其他的律师事务所，这种情况现在仍时常发生——那些有意识进行市场营销技巧培训的律师事务所，往往第一时间就会请出团队中的那些"造雨型"资深合伙人①负责培训，其中的逻辑显而易见——"造雨型"资深合伙人能不断地引入案源的主要原因必是深刻理解律师的市场营销究竟该怎么做，请这些合伙人来分享自己的经验或者技巧，就一定可以复制出更多的"造雨型"青年律师。这个逻辑虽然在理论上说得通，但在实际操作中却收效甚微。

　　我曾参与过上百场由不同的律师事务所组织的这类市场技巧培训。大多数情况下，这类培训都会安排至少一位"造雨型"合伙人发表主题演讲，但这些合伙人的发言对青年律师的实际帮助作用其实微乎其微。

　　坦白说，大部分"造雨型"合伙人并不能准确地了解自己究竟在做什么或者自己的哪些行为能成功"造雨"。他们中的有些人可能自认为了解"造雨"的机制，但其实大多数时候他们凭借的仅仅是某些连他们自己都完全无法复制的"直觉"和"天赋"——遑论那些青年律师能否通过一次演讲掌握这些"只可意会，不可言传"的技巧了。他们可能主观认为某些因素"造出了雨"，但

----

　　① "造雨型"资深合伙人：有能力为律师事务所带来新客户、新案源的资深合伙人。

绝大多数时候事实可能大相径庭。此外，现在的法律行业和这些资深合伙人初入职场的时候截然不同，或者说早就有了翻天覆地的变化——在他们成长的时代，法律行业还是卖方市场，真正的国际律师事务所、专业的法律服务外包企业尚未发展成型，互联网或者社交媒体的发展也远不及今天蓬勃和"疯狂"。

有些"造雨型"资深合伙人自己的领英①档案都没有任何实质内容、联系人屈指可数或长时间不登录自己的账户，甚至不知道自己领英账户的密码，这样的资深合伙人恐怕无法为今天的青年律师提供真正可行的市场营销技巧。

我们在工作中经常会听到青年律师有这样的抱怨：

"他的客户其实都是从之前的合伙人那里'继承'的，而我根本没有这样的老板……"

"我们办公室客户最多的合伙人特别有人格魅力，风趣、幽默、颜值高，天天在外陪大大小小的客户夜夜笙歌或者去打高尔夫球，我自己是十分内向的人——他的那套开拓市场的方法可能根本不适合我。"

"我每年的计费工时都超过 1800 个小时了，怎么可能还有时间去开拓市场……"

---

① 领英：LinkedIn，总部位于美国加州硅谷，全球最大的职业社交网站，于 2003 年 5 月正式上线，目前用户人数超过 4 亿，覆盖全球 200 多个国家。

"合伙人总是说'令客户满意的工作成果本身就是最好的营销手段'——难道我们的那些竞争对手就不优秀、拿不出令客户满意的工作成果吗？如果大家的专业水平相差无几，我又该怎么办？"

"他总说自己获得新客户的方法就是'提供顶级的客户服务'，但其实他自己是'官二代'啊……"

"他一辈子就交了一个朋友，结果这个朋友后来成了一家大型银行的总法律顾问，把所有外聘的法律业务都给了他，这哪儿有什么营销策略或者战略规划，根本就是走了狗屎运而已……"

简而言之，如果没有恰当的引导以及有效的规划，律师的业务拓展活动就会充满偶发性和机会主义色彩，而不是一项具有前瞻性和战略性的行动，甚至可以说是把未来的成功投注在一些偶发事件或者"成事在天"的"期望"上——"期望"不是取得成功的战略。在市场营销上想要取得成果必须要制订计划。

18 年前我创立了 Fishman Marketing。时至今日，我已经为不同的律师事务所提供了超过 300 场关于律师市场营销技巧的培训和演讲。基本上在每一家律师事务所我都能感受到来自律师的紧张和焦虑，从美国的伊利诺伊州到土耳其的伊斯坦布尔再到冰岛的雷克雅未克，从西非的加纳到美国的印第安纳州，无一例外。因此，作为青年律师中的一员，你首先要做到——不为紧张和焦虑感到尴尬或者不安。

青年律师以及律师事务所的市场团队一直在问我能不能提供一份简单、实用的指南，一份步骤清晰、以律师执业年限为准提供不同建议的详细指南，直截了当地告诉青年律师哪些市场和业务拓展工作"硬着头皮"也必须要做，以避免工作已然十分忙碌的青年律师陷入那些令人绝望的无用功当中，也希望这本书能帮助青年律师积累一份强大的客户名单，在晋升为合伙人的过程中助其一臂之力。

祝大家好运！

目　　录

引　言

　　作为一位新"出道"的青年律师，你的首要目标绝非考虑如何引入新的案源、吸引新的客户，而是应该尽早掌握专业技能，以平均速度或者快于平均速度成长为"业务成熟"的律师。与此同时，青年律师还需要尽早整理出一套为客户提供高质量法律服务的"标准化流程"，在保证工作质量的前提下尽可能地提高工作效率，以便未来在你要花费大把时间创造新的业务机会或者开发新客户的时候，还能及时为客户提供优质的法律服务。

　　为此，从律师执业生涯的初期，你就要开始着手建立一个紧密、有效的人际关系网。理想的律师人际关系网应该由 250～500 人组成，这些人要么作为公司法务有直接聘请外部律师的需求及权限，要么在一定程度上能够影响公司法务或者重要个人为聘请哪位律师作出决策，例如行业主管部门的负责人、行业协会的专家，要么就是能为你介绍案源的其他律师及朋友。

　　许多青年律师存在一个误区——认为人际关系网当中

的人越多越好，甚至以联系人的人数达到手机内存上限作为终极目标，而根据英国牛津大学的人类学教授罗宾·邓巴提出的"150定律"——人类智力允许人类拥有稳定社交关系的人数仅为150人，即人类目前的认知能力能允许一个人与150个人维持稳定人际关系，而稳定人际关系的定义为每年至少联系一次以上。不可否认，发达的社交媒体以及工具可能会让我们的认知能力得到一定程度的延伸，每个人能维持的有效人际关系网也因此大幅扩张——但基于自身的局限性，一个人也仅能和300人左右建立起相对稳定的人际关系。因此，对于青年律师来说，搭建并拓展自己的人际关系网固然重要，但在执业初期就开始学习通过客户管理及维护等手段去维系一个有效、稳定、相对紧密的人际关系网更为重要。

大多数客户不会聘请一个"小律师"来代理涉案金额比较大的案件或者结构相对复杂的交易，他们会至少聘请一位"合伙人"级别的律师，以防在案件或者交易进行过程中出现无法预知或者极为棘手的复杂情况。因此，对你而言，充分利用在执业初期的这段"蛰伏期"，在某个具体的行业当中、针对这个行业的目标客户，不断积累经验、树立口碑、提高知名度是至关重要的。

律师基本上无一例外地都十分渴望获得持续又稳定的"安全感"。从长远发展角度看，获得这种"安全感"最

可靠、最有效的方法就是成为某个利基市场或者细分领域
公认的行业专家——现在激烈竞争的市场环境导致客户在
挑选律师时普遍要求律师"能深入理解其所在行业的专业
知识"，希望自己的外聘律师"可以被视为真正的内行"。
因此，作为新"出道"的青年律师，你的目标并不是
"到处去做市场营销或者接近潜在客户"，而是应该想方
设法迅速成为某个利基市场或者细分领域、某类案件的青
年专家，并以此达成"自动"进入潜在客户考察范围、
让潜在客户"慕名而来"的阶段性目标。

　　以我的一位在律师事务所担任初级合伙人的朋友为
例，他将自己的执业领域聚焦于"小型、中西部券商挖角
诉讼案件①"（broker-dealer raiding lawsuit）业务，主要为
这类诉讼案件中的原告当事人提供代理服务——这个看似
窄小、封闭的执业领域每年能为他带来 200 万美元的稳定
收入，并呈现稳定增长的趋势。我将在本书的"第四~五
年的执业律师"章节当中详细讨论、分析青年律师可以采

---

　　① 券商挖角诉讼案件，指一券商直接从竞争对手处一次性挖取多位关键
人才的行为，被"挖角"的券商可以向美国金融业监管局（Financial Industry
Regulatory Authority）提起仲裁或向法院提起诉讼，要求恶意挖角的券商作出赔
偿。在较为极端的一起案例当中，费城的券商 Janney Montgomery Scott 成功向
Hunter Associates Inc. 索赔 2400 万美元。该案当中被告当事人 Hunter Associates
一次性从 Janney Montgomery Scott 俄亥俄州 Salem 分行挖走了其整个管理层及核
心行政主管，并凭借这个团队在 Salem 开设了 Hunter Associates Inc. 的新分行。
随着券商竞争日趋白热化，美国的券商挖角诉讼案件层出不穷。

取的"利基市场"及细分领域的策略。

　　作为一位专业服务提供者，你要养成以优先实现客户目标的角度考虑问题的习惯及素养，而不能仅仅将客户当成"未挖掘的金矿"，想方设法从他们身上寻找新的案件或业务——"送人玫瑰，手有余香"。你要将自己塑造成一位"思维敏捷、可以信赖的行业专家"形象——当然你也必须通过不断努力成长为一位经验丰富、思维敏捷、可以信赖的行业专家。作为专业服务提供者，切记不要让大家把你和急功近利的销售人员划上等号。参考这本书列出的详细步骤和计划，在自己周围建立并维护一个紧密、强大的人际关系网，这将大大提高你作为青年律师积累"自己的客户"的可能性。

　　我的朋友曾经告诫我："在社交场合上，要牢记：不仅要成为有趣的交谈对象，更要成为真正对其他人有兴趣的人。"——作为青年律师，在各种社交场合，你并不需要想方设法地成为"满场飞"的焦点或者社交达人，你需要静心与每一位交谈对象真诚交流，去了解对方从事的行业、工作内容、近期规划或者长远目标，认真思考自己可以为对方提供哪些法律或者法律以外的建议以帮助其尽早完成计划或者达成目标。尽管在大部分人的直观印象当中"造雨型"合伙人必须十分健谈又热衷于社交，但这并非他们获得新案源的直接原因。十分健谈、热衷社交的性格或许能帮助"造雨型"合伙人更迅速地建立、拓展人际关系网，而真正能帮助这些合伙人获得新客户、新案源的根本原因在于其理解他人需求的个人素养以及帮助他人解决问题的专业能力。

我父亲说过："双方沟通的过程中，如果你一直在滔滔不绝，反而什么也卖不出去，因为你根本没时间静下心来了解对方的需求""有的时候闭上嘴，你会学到更多"。

虽然这本书列出的指南十分详尽，但我其实并未试图也根本无法做到包罗万象，也不想强迫青年律师去照猫画虎地完成"任务"——你并不需要把我写的每一步都一字不差地完成。如果你不喜欢也不适合进行公开演讲，就大可不必勉强自己一定要花时间练习、准备那些令你浑身不自在的演讲——一场不自信的公开演讲其实事倍功半。你完全可以把这些节省下来的时间用来多写写文章或者以"一对一"的方式与潜在客户进行沟通。科技发展日新月异，有些我在写这本书时尚未出现或者普及的平台，你可以第一时间予以关注、了解并充分利用，以更为创新的方式进行市场营销或者业务拓展。总之，青年律师进行市场营销或者业务拓展的要义在于留心、用心以及坚持。

拉里·理查德（Larry Richard）博士在其于1993年发

表的《律师的类型》[①] 中提到：56% 的律师都属于内向型的人。因此，在看这本书的你可能不善言辞、腼腆害羞，在参与律师事务所的市场营销或者业务拓展时浑身不自在，不过你可以稍微放松一下——你的大多数竞争对手也在面临与你类似的难题。此外，法律市场工作与那些需要从内容到形式都必须力求完美的法律文书工作不同，市场工作并不存在真正"完美"的标准。有鉴于此，我的第一条法律市场工作基本原则是：在法律市场工作上，你无须完美，你首先要做到不比那些竞争对手差就可以。

法律市场工作其实并不难，仅仅需要努力、努力、坚持努力而已。

伍迪·艾伦说过："只要开始做一件事就已经成功了80%"（80% of success is showing up）——"好的开始，成功的一半"。

每一个人都能做到。

就从今天着手开始。

---

① 《律师的类型》（The Lawyer Types），Larry Richard 博士，载于《美国律师协会期刊》（ABA Journal）1993 年 7 月刊。

第一年的执业律师

基础目标：

❑ **成为一位出色的执业律师。**

现在，你的首要任务是快速成长为一位出色的执业律师。律师事务所中那些对外的市场营销和业务拓展活动并不是你需要优先考虑的事情。在市场工作方面，你唯一需要采取的"积极作为"就是确保自己不与那些已经在你的人际关系网中的人失去联系。作为初出茅庐的青年律师，你需要特别注意维护与高中同学、大学同学以及法学院同学的关系，注意维护与你所在的社会组织成员之间的关系。在手机上或者邮箱中设置定期提醒，确保至少每个季度和这些"熟人"联系一次。这些"小事"看似无关紧要，甚至有时会让你认为有些"浪费时间"，但我相信在将来的某一天，你会感谢自己在执业的第一年、尚不忙乱的时候完成的这些小事。

在这一年当中，你需要明确未来几年的工作方向，开始着手进行法律市场工作的基础设施建设，以便在未来几年不断在此基础上进行拓展：

☐ **加入一个地方性或者全国性的律师协会组织，在这个协会当中寻找、确定一个与你的执业领域有关的专业委员会，积极参加这个专业委员会的各项活动。**

   ■ 认识你所在的这个不大不小的"圈子"。

   ■ 培养自己的专业技能。

   ■ 对你有兴趣的执业领域要作出时间和精力的"投资"。

   ■ 你的长远规划：在执业第五年时成为某个细分专业委员会的主席或者理事。

☐ **仔细阅读你所在律师事务所的官方网站、内网，对外发布的月度/季度新闻通讯（newsletter），各种现有的市场材料，各类社交媒体账号，包括领英主页、微博、微信公众号文章，深入了解你所在律师事务所的主要执业领域以及在各个领域的重要客户：**

   ■ 在不忙的时候仔细阅读所在团队资深律师以及律师事务所合伙人的简历，了解他们的个人经历以及主要的执业领域和兴趣爱好——这些信息在未来可能会对你起到极大的帮助作用。

☐ **大多数青年律师都会忽视的任务——在律师事务所内树立个人品牌：**

   ■ 相比对外进行市场营销，在成为律师的第一年，青年律师要更重视与自己所在团队及所在律师事务所的其他律师，尤其是与高年级的律师或者合伙人建立联系，在律师事务所内将这些"前辈"当作潜在客户对自己进行推广。

■ 让律师事务所的高年级律师及合伙人了解你的个人专长以及能力，以及你对哪些执业领域或者案件类型有兴趣，这些资深律师不仅会在业务上为你提供指导和帮助，还会不断为你提供实践和学习的机会——"近水楼台先得月"，这些经验、指导以及宝贵的机会会极大地提高树立个人品牌的效率。

■ 从沟通技巧以及市场工作难度的角度来看，这些资深律师可以算得上"难度极低"又极为"平易近人"的客户了。因此，你也可以借与律师事务所其他律师相互了解的机会，打磨、提升自己的沟通技巧及市场营销能力，为将来与公司法务或其他潜在客户的沟通打下良好基础。

❑ **不要养成每天在电脑前或者一个人吃午餐的习惯：**

■ 至少每周一次，邀请自己所在团队的律师共进午餐。

■ 至少每月两次，邀请律师事务所其他律师共进午餐。

■ 定期与朋友或者其他"熟人"见面、聚会。

对律师而言，市场营销及业务拓展需要"重度依赖"自己的人际关系网，而市场营销及业务拓展的过程本身也会为律师不断积累、拓展新的人际关系资源。作为青年律师，拓展人际关系网需要首先"抓牢"现有的人际关系资源，例如，你的一位朋友毕业后去了一家互联网企业负责运营，你就可以通过他认识一些互联网"上下游"行业的新朋友，包括其他初创企业的创始人、风险投资人、广告运营商；如果你有一位朋友进入了猎头行业，那你或许可以通过他认识众多候选人、不同行业的客户、人力资源负责人。通过这种方式不断扩大自己的人际关系网，不仅可以为未来的市场营销及业务拓展储备资源，也可以不断了解更多的新行业、新领域，而这对需要通过不断学习、积累以明确自己的未来主要执业领域的青年律师而言十分重要。

有些青年律师可能会认为自己认识的这些朋友虽然身处不同行业，但也都不过"刚刚出道"，不可能为自己带来任何案源或者介绍自己认识"位高权重"的管理层——你的想法或许没错，但在法律市场营销及业务拓展领域有一句话："有什么律师，就有什么客户"——律师在进行市场营销及业务拓展之前需要对自己的经验、阅历、专业能力作出准确的判断，根据自己的情况寻找、选择合适的潜在客户作为"主攻对象"，青年律师在这方面不能操之过急。

你要有充分的耐心与自己人际关系网当中的这些"联系人"共同成长，稳扎稳打，当你成为经验丰富的资深律师或者合伙人时，你当年的这些"联系人"自然也会成为能为你带来潜在客户或者左右公司法务决策的人。

❑ **一定、务必牢记随身携带自己的名片——你永远无法预测会在什么时间、什么场合遇到未来能对你的市场营销及业务拓展起到重要作用的"重要联系人"或者你"梦寐以求"的潜在客户：**

我每年会参加许许多多规模不同的鸡尾酒会、专业论坛、研讨会、峰会、企业年会，认识数以千计的律师、律师事务所的市场团队、企业高管，这意味着每年我会与至少数以百计的律师交换名片，而在这当中，据不完全统计，会有20%的律师没带名片——这些律师翻遍身上和公文包的每个口袋，都找不到一张自己的名片！

我并不是在餐厅或者电梯中与他们偶遇，而是在一个为了社交，或者直白地说，为了交换名片而存在的场合与他们见面；这些律师离开办公室，驱车数十公里，有些甚至搭乘国际航班去参加一些十分重要的行业大会，却不带一张自己的名片——说实话，这非常不专业。因为在这些场合，你不仅会见到其他律师——未来这些律师或许有可能会成为向你引荐新客户、推荐新案源的"重要联系人"，还可能会有直接的潜在客户。如果无法当场交换名片，这些客户可能就再也无法继续与你取得联系，这意味着你参加活动浪费了大把的时间和精力！

此外，就像我在前文提到的，你在进行市场营销及业务拓展时虽然不需要凡事追求完美，但至少要比肩你的竞争对手。试想，如果你参加了一场专业论坛，活动现场除了你之外可能还有数十位来自其他律师事务所的律师，这些律师都带着自己的名片，就你没带——你的竞争对手在"起跑线"上就轻轻松松地把你甩开了。

在这种情况下，我还"见识"过一些可笑的借口："我没带名片——我是一个从来不带名片的律师，这些潜在客户恰恰会因为我的与众不同而对我印象深刻……"——恕我直言，这个借口非常愚蠢、非常自以为是。

如果你不是美国总统或者歌星碧昂丝，就请老老实实、随时随地携带自己的名片，否则那些五分钟之前与你相谈甚欢的潜在客户可能转身就完全不记得你是谁了——无论你认为自己多让人难忘、有多大的个人魅力，对这些潜在客户来说，你也不过是一位普通的律师而已。在这一场活动上，这些重要的潜在客户可能会见到数十位与你没什么本质区别的其他律师——无论你愿不愿意承认，这个行业经过多年充分竞争，对大多数公司法务来说，会在一个社交场合一起出现的普通律师或者律师事务所合伙人之间并不存在太大区别。

此外，有些青年律师认为"数字名片"或者微信二维码可以完全取代传统名片，我个人认为尚不可取。首先，绝大多数公司法务、潜在客户和资深律师依然习惯于交换、留存纸质名片，站在对方的角度考虑，青年律师必须携带、交换纸质名片。其次，这些新认识的"联系人"、潜在客户和资深律师在收到你的名片之后，可能需要转交法务部、秘书或者企业的市场部门，把你的相关联系信息加入自己的数据库，而"数字名片"会为这些工作带来诸多不便，最终导致你的联系方式被遗失，你与这些重要联系人"失联"。但不可否认，"数字名片"或者微信二维码越来越普及，青年律师可以建议所在律师事务所在统一的名片模板上加印自己的个人微信二维码以及律师事务所微信公众号的二维码，或者在手机上长期存一份自己的"数字名片"或者"微信二维码"，以便随时使用。

所以，从"出道"的第一年开始，青年律师就必须要求自己迅速养成良好的"名片使用习惯"：

■ 那些长期放在你办公桌上整盒包装完好的名片无法帮助你建立或者拓展人际关系网，除非你记得随时随地带上它们。

■ 先在办公室存放75～100张名片，然后在每一个常用背包、手提包、健身包、钱包、电脑包、行李箱、登机箱，每条西装裤子、每件西装外套的衣兜都随手放上10～15张名片，以备不时之需；在参加过社交活动之后，要记得补充"库存"。

- 在你常用的公文包里放上 20～30 张名片，以防在你临时外出开会时措手不及。

- 在手机上长期保存一份自己的"数字名片"或者个人微信二维码，以便随时使用。

❑ **根据律师事务所的统一格式，撰写律师事务所官网上的个人简历：**

- 务必定期更新简历，尤其当你进入了一个新的执业领域之后，一定要及时在律师事务所官网上增加相应内容。

- 关于官网上的简历更新要求，比较理想的状态是每次你完成了一笔交易或者收到了某起诉讼案件的判决/裁决、发表了长篇法律评论或者案例分析、进行了一系列主题公开演讲或者加入了新的专业委员会后，都应及时与 IT 部门配合，第一时间更新简历。

- 对青年律师而言，需要注意：不要"偷懒"直接把手头上的求职简历放在律师事务所官网上，这两者有极大不同——求职简历需要你详细地列出近期参与过的案例，覆盖的执业领域尽可能广泛，描述细节尽可能详尽，以便让那些求才若渴的合伙人了解你的过往经历及能力、专业素质及专长，对将你作为未来团队的律师或者"重点培养对象"产生兴趣；律师事务所官网上的简历则不需要事无巨细，仅仅需要让看到的人在第一时间就准确理解你的"市场定位"，你的执业领域以及与这些主要执业领域有关的案件经验——那些与你的主要执业领域无关的、你仅仅负责了事务性而非实质性工作的案例不需要出现在官网上的简历当中。一言以蔽之，求职简历比较像产品说明书，而律师事务所官网上的简历则更像"一则广告"——篇幅不长、细节不多、主题明确、内容鲜明。

■ "有所写，有所不写"——那些大学期间与法律学习完全无关的活动、实习经历，以及那些高中时期你自认为"辉煌的事迹"都不能出现在律师事务所的官方简历中——你可以在更为轻松的社交平台，比如微博或微信上不定时发布一些与个人生活或者兴趣爱好有关的内容。

■ 计费工时的压力可能会导致你无法以理想的频率更新官网上的简历，但至少要做到每半年更新一次——这项工作的重要性并不亚于多去完成一两个计费工时。

❏ **着手建立自己的人际关系网：**

■ 借助一些简单便捷的客户关系管理软件或者律师事务所现有的客户关系管理软件，青年律师可以开始建立一份自己常用的"邮件列表"（mailing list），这份列表可以收录你认识的"重要联系人"：法学院的同学、大学同学、从小学到高中的同学、儿时玩伴、以前的同事、现在的同事、在当地律师协会认识的其他律师、通过社交活动认识的朋友、你父母的朋友以及你

朋友的父母等，以方便你实实在在地管理并维护自己
的人际关系资源。

实例：

国内使用较多的客户关系管理软件——麦客

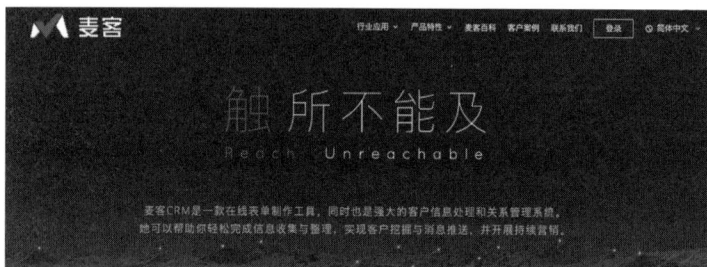

"工欲善其事，必先利其器"，麦客可以实现通过表单收
集、梳理联系人的信息——围绕一位联系人的信息越丰富、
越详细，也就越了解这个联系人，就越有可能从他身上挖掘
出其他潜在客户或者案源。

麦客提供三种联系人"录入方式"：手动添加、文件导
入或者表单创建——手动添加适用于传统的录入方式，例如
从名片转存为线上信息；文件导入适用于手头有经过简单整
理的联系人列表的情况，例如你从自己的领英账号导出了所
有联系人的联系信息或者收到了一份十分详尽的校友通讯
录；表单创建则可以用于大型的市场活动时收集新的联系人
信息这类场景，这些新联系人可以通过麦客的"联系人组

件"提交自己的相关信息，麦客会根据其填写的内容自动创建相应的联系人记录。

麦客会为每一位联系人创建"联系人详情页"，用于存放这位联系人的所有详细信息。这些信息主要包括身份信息及管理信息——身份信息，包括联系人的姓名、性别、常住城市等个人信息，公司、职位、地址等工作信息，邮件地址、手机号码、电话号码等联系信息以及微信账号、微博账号等社交媒体信息；管理信息，一条联系人记录创建后，你可以为了更好地管理联系人添加一些相关设置信息，包括标签、群组以及针对这位联系人所作的笔记（例如，上次见面沟通的主要内容、双方邮件往来的主要内容或者联系人的兴趣爱好），管理信息可以有效帮助你筛选联系人。

❑ **学会利用传统的手段以及社交媒体，与那些人际关系网中的"重要联系人"定期联系，以巩固并加深与这些联系人的相互了解及相互信任：**

■ 虽然社交媒体正在逐渐成为大家沟通的"主战场"，但与联系人之间的定期见面的重要作用还是无法被其完全取代；研究出了"邓巴数"的英国牛津大学人类学教授罗宾·邓巴所做的研究指出，普通友谊关系在不见面的情况下可以持续的时间仅为 6~12 个月。因此，请你一定要学会充分利用午餐、晚餐、下午茶或者一杯咖啡的时间，定期与那些重要的关系人见面沟通。

■ 充分利用社交媒体：利用领英实时关注联系人的工作信息；利用微信和微博了解联系人的业余生活、兴趣爱好以及动向。

■ 如果你实在无法抽出时间和这些联系人一一见面，那就不定期地打个电话，哪怕就问候一句："这些天你都在忙什么呢"，或者看到任何与联系人有关的信息或新闻，顺手在微信上转发给他/她，就能帮助你与联系人在此建立连接——这比不断在朋友圈相互点赞要更有诚意也更用心。

微　　信

❑ **如果你还没有微信账户，请马上去注册一个！**

❑ **充分利用"朋友圈"进行个人品牌塑造：**

从业务工作的角度来看，微信正在逐渐成为律师团队内以及律师与客户之间直接沟通的工具，许多律师也逐渐开始重视、思考更高效地利用微信开展工作，有些行动较早的律师也越来越重视一些常见的"微信礼仪"，例如在探讨工作的过程中不向客户发送长篇大论的语音内容；如果在开车或者的确无法回复文字内容，就先通过语音与客户约定一个明确的回复时间；在团队内进行分工或者与客户探讨专业问题时，把重要内容都落在文字上；在遇到重大或复杂问题时，先直接在微信上确定通话或者面谈的时间，而不是花费大把宝贵的时间反反复复在微信上做"无用功"。

从市场工作的角度来看，对律师事务所微信公众号及法律新媒体的重视也成为常态。撰写专业评论或者案例分析或者将其发布在自己律师事务所的公众号上，或者投稿给"关注者"众多的法律新媒体，再通过微信朋友圈转发，以达到市场营销及业务拓展的目的，也正在逐渐成为大家惯常的操作。

相比较而言，在市场营销及业务拓展方面，许多执业律师自己的朋友圈反倒未被给予充分重视，尚未"物尽其用"。针对这个问题，大家往往以"我真的太忙了，都快没时间回复微信了，根本没时间管理朋友圈"为借口，或者"粗暴"地认为"转发朋友圈又不可能直接带来案源，不必浪费时间"。这些律师一边忽视手边朋友圈的巨大能力，一边又想方设法去寻找进行市场营销、业务拓展以及树立个人品牌的"灵丹妙药"。

❑ **律师朋友圈的三个常见类型**。

■ 第一类：基本不发任何朋友圈，朋友圈基本处于停滞状态。

与这类律师交换微信和单纯地交换联系方式不存在什么本质区别——既无法通过朋友圈深入了解这些律师的执业领域及工作状态，也无法通过业余生活以及兴趣爱好巩固双方之间的社交关系。

■ 第二类：不定期发朋友圈，但发的内容基本上分为两类：其他律师或者行业专家撰写的专业性极强的"深度好文"，或者自己撰写的案例分析或者专业评论。

这类律师的朋友圈给人的第一印象是十分专业，但并不"平易近人"。换言之，不像"朋友"圈，更像专业研讨会——如果你在某个行业活动上碰到这类律师，或许双方可能早就互为微信好友，但依然觉得除去泛泛而谈的专业问题外，似乎也没什么其他话题可以深入交流，双方之间的"破冰"谈话可能依然会"如履薄冰"。

■ 第三类：以发专业文章、新闻为主，偶尔还追踪社会热点或者发些有关兴趣爱好或者业余生活的朋友圈。

作为一个正常使用微信的人，或者说从律师进行市场营销或者业务拓展的"实用"角度，你会期望刷到哪类微信朋友圈？哪一类朋友圈让你能切实地感觉到自己的确算真的"熟悉"了这位律师？绝大多数人都会毫不犹豫地选择第三种类型。简而言之，微信不应该仅仅被当作"通讯录＋短信"的替代品。从市场营销的角度，朋友圈的作用甚至比通讯的作用更大、效果更明显，运用恰当就完全可以成为一位律师展示"立体形象"的平台。因此，在微信朋友圈上到底发些什么、怎么发就尤为重要。

在探讨朋友圈方法论之前，有一些"基础工作"要首先被重视起来。首当其冲——微信联系人分组，将所在团队的其他律师，律师事务所其他业务团队的执业律师，市场团队及其他支持团队、法律行业的"朋友"以及竞争对手，现有客户及潜在客户按不同标准进行分组。假设现有客户较多，可以将这些客户按重要性、战略级、所在行业或所在地域进行更为系统的分组。进行分组有两层目的：其一，不用那些与"重要联系人"以及重要客户无关的其他信息去"刷屏"，令人厌烦甚至直接将你屏蔽；其二，在发朋友圈时充分利用分组才能"无所顾忌"地利用这些内容进行市场营销以及业务拓展，由此达到吸引目标客户以及巩固现有客户的终极目标。

以一个较为极端的事例说明"分组"的重要性：你的团队确定了接下来一段时间内将要重点关注的一个新兴细分领域或者一个小众的"利基市场"，准备先举办一场小型专业研讨会"造势"。在市场上，有意愿或者有实力关注这个细分领域或者"利基市场"的潜在客户至多不过30~50家，不过未来的业务潜力却都不小。你兴冲冲地在朋友圈转发了专业研讨会的相关信息，但由于你没对联系人进行分组，一些竞争对手也会了解到你的团队接下来关注的业务方向，而这些竞争团队可能恰好也在研究类似的新兴领域。当然，这些竞争对手通常并不会"不请自来"，但或许可能会抓紧时间抢先举办一场相似主题的圆桌会议或者小论坛——"半路杀出个程咬金"——等你这场专业研讨会发出正式邀请时，许多原本可能到场的关键潜在客户就会说："我前两天刚去过类似的活动，这两场活动的主题基本一样，这次就不过来了……"结果，不仅你举办的小型研讨会的市场营销及业务拓展效果大打折扣，还有可能会让你的新业务方向就此"夭折"，以至痛失一个"市场良机"。这个事例比较极端，不过也可以从一个角度充分说明联系人分组的重要性和必要性。

❏ **朋友圈的"七次法则"**

传统市场营销领域有一个比较"老派"却并不过时的"七次法则"概念——潜在客户通常要多次接收到有

关某项服务的营销才会考虑实际购买该服务，而据统计，"多次"要至少达到七次。这个法则被广泛运用于企业管理及市场营销工作的不同方面：例如，既然潜在客户要七次甚至更多次接收到有关某项服务的营销才可能考虑购买服务，那在进行市场营销的过程中，企业/团队就必须综合分配人力及预算，不能将全年或者整个季度的市场营销预算和业务拓展计划押在某一次媒体推介或者某一场公关活动上；或者，潜在客户要接收到七次关于某项服务的营销，为不断巩固这些客户对某项服务的印象，不仅要持之以恒地推进市场工作、不断变化招式激发潜在客户深入了解产品的兴趣，在核心内容上还必须要一以贯之，"万变不离其宗"。

提供专业服务的法律行业与普通的快消品等传统行业在许多方面存在较大区别，例如重要的潜在客户相对明确，并非不特定的大多数人，不过适用于传统行业的"七次法则"对执业律师与潜在客户建立相互信任关系这个方面也有着十分重要的借鉴意义。法律行业本身的"人身依附性"极强，大多数客户在挑选律师时会出于对某位律师的了解及信任，综合考虑价格的因素作出决定——这些客户或许在合同上注明聘请了某一家律师事务所担任法律顾问，而真正想要聘请和合作的实为这家律师事务所的某一位合伙人或者某一个小业务团队。因此，在提升专业能力之余，掌握树立个人品牌的技巧对专业律师来说也成了"必修课"。在这个信息大爆炸的市场竞争环境下，"酒香不怕巷子深"并不可取——上一代专业律师那种寄希望于依靠卓越的专业能力和丰富的经验坐等他人"慕名而来"的老办法肯定行不通。话说回来，大家基本上一刻不离地捧在手上的微信朋友圈就成为一个"物美价廉"的宣传平台。

❑ **依据七次法则，青年律师在发朋友圈时要注意以下几点：**

■ 转发专业文章时，写上一两句你的评论或者观点。

随手翻翻有些青年律师的微信朋友圈，你会发现这些律师既会定期、及时转发一些微信公众号发布的其他律师撰写的专业评论或者案例分析，也会转发一些法律自媒体的新闻资讯，不过从不进行任何评论，也不表述任何观点——长时间进行"直接转发"不仅无法让那些"重要联系人"或者潜在客户通过微信朋友圈进一步了解你的专业能力及执业领域，还有可能让你的微信朋友圈失去宝贵的个人性和社交性。

有鉴于此，在微信朋友圈转发分享文章时，你还要写上一两句主观的评论或者观点：如果你要转发某些微信公众号上其他律师的大作，那评论的内容可以包括你对文中提及案例的观察和思考、近期代理过的类似案例以及解决方案、法律行业当中一些让人印象深刻的相关轶事。如果你转发了自己撰写的专业评论或者案例分析，则可以将撰写这篇文章的写作背景或者市场趋势作为转发评论的内容，甚至直接写明文中提及的新兴领域将是你所在业务团队下一阶段的业务重点。一言以蔽之，"转发＋评论"的终极目的就在于让刷到这条微信朋友圈的潜在客户更为立体地了解"你"，以完成一次有效的营销送达。

■ 不定时地发布一些与专业无关的内容。

"七次法则"的核心并不在于关于服务的营销到底要到达潜在客户七次还是八次，也不在于营销手段能不能让人耳目一新，"七次法则"的核心在于通过让潜在客户多次接收到关于"你"的各类内容，以让其对你逐渐熟悉并形成信任关系。对于律师而言，绝大多数潜在客户势必不会在刷到你的微信朋友圈或者初次见面时就购买你的专业服务——微信朋友圈的主要作用在于市场营销，而并非直接业务拓展，管理微信朋友圈的目的并不在于直接带来案源；事实上，你也不太可能靠轻轻松松地发一两条微信朋友圈就拿到新案源。管理微信朋友圈的主要作用在于减少重要联系人或者潜在客户对你的戒备，双方相互熟悉并相互信任，以至于在重要联系人和潜在客户出现法律服务需求时会第一时间与你联系。

相较于过去传统的营销手段，例如花大价钱去赞助专业论坛、耗时耗力去准备主旨演讲、想方设法接受主要媒体采访，微信朋友圈大大放低了青年律师进行市场营销以及树立个人品牌的"门槛"——在任何场合，无论通过什么"错综复杂"的关系，一旦你能和潜在客户交换微信，就有机会让这些客户更完整、更充分地认识"你"，双方从"点赞之交"相互熟悉，逐渐变为真正的潜在客户，以致在合适的时间转变为"现有客户"——而不仅仅把你当成一位在普通社交场合匆匆认识、没说上两句话的年轻律师。

比较合适的"与专业无关"的内容可以包括一些兴趣爱好、放松旅游、志愿工作有关的文章，或者新上映的电影、手边的闲书等。分享这些内容的目的有二：一是你可以借此机会寻找"志同道合"的潜在客户，为下次双方在社交场合"偶遇"的时候准备"破冰"话题；二是通过这些与工作完全无关的微信朋友圈，你可以"测试"到底有谁在关注你，那些"点赞之交"并非毫无用处——对于经常为你点赞或者评论的重要联系人以及潜在客户，务必及时"来而无往非礼也"。此外，作为一个正常社交的年轻人，也不要将微信朋友圈仅仅当作进行市场营销以及树立个人品牌的平台。

■　利用微信朋友圈"钓鱼"。

在将微信联系人分组的基础上，你可以充分利用微信朋友圈"创造"与潜在客户面对面沟通的机会。例如，你计划或者被安排要去参加某个大型专业研讨会，就可以提前在朋友圈向该行业的现有客户以及潜在客户"定向"转发会议信息，以这种方式"间接"询问、发现一些也会出现在会场的微信联系人，大家可以约定会场上见；或者你计划到其他城市出差，就可以提前向该地区的重要联系人、现有客户以及潜在客户"预告"行程，借机安排实地走访某些客户或者能为你推介案源的当地律师。

除了以上这些建议之外，还有一些相对广为人知的微信朋友圈"规则"。例如，有鉴于你想利用微信树立个人品牌，有关兴趣爱好、放松旅游、志愿工作的微信朋友圈比较适合放在周末或者非工作时间发布，不要让一些相对传统的微信联系人认为你整日不务正业、"玩物丧志"；再例如，切忌刷屏——"七次法则"的确要求想方设法让潜在客户多次接收营销信息，但并不等于天天刷屏！有些适合于快速消费品的传统营销手段并不适合专业性极强、报价较高、潜在客户决策周期较长的法律行业——太过直白、铺天盖地的营销方式通常会挫伤你的个人品牌，又让潜在客户对你产生戒备心——物极必反。

领英（LinkedIn）

- ❑ 领英是目前全球最大的职业社交网站，于 2003 年 5 月正式上线，现有用户人数超过 4 亿，覆盖全球 200 多个国家，适合用于直观地展示专业人士的工作经历、教育背景以及拓展人际关系网，也可以帮助你随时关注那些"重要联系人"的工作动态。
- ❑ 如果你还没有领英账号，请马上去注册一个！
- ❑ 如果你从法学院时代就开始使用领英，现在就要抓紧时间进行一次全面"净化"工作，及时删除那些让你看起来不太专业的内容；"净化"的标准和目的是让 60 岁左右的公司总法律顾问以及你的那些不苟言笑的资深合伙人在翻看你的领英信息时不会觉得"糟心"。

❑ 注册账号之后，务必及时完善主页信息，包括自我简介、联系信息、工作经历、教育经历，利用有限的篇幅展示自己的性格及特点，不要"偷懒"，直接把手头上的求职简历整段整段地复制到领英主页上！作为"初出茅庐"的青年律师，大家并不期待或者要求你写出长篇大论的工作经历或者自我简介——领英主页的信息要做到精简客观、一目了然。

❑ 选择真正的职业照作为头像！不要使用极为夸张的写真或者背景杂乱的照片或者卡通图案作为头像，好的第一印象等于成功的一半。

❑ 在"自我简介"部分，请使用第一人称介绍自己，友好、通顺——不要直接复制、粘贴律师事务所官方网站上自己的简历，以"王律师作为公司业务团队的律师……""李律师多次代表客户参与……"展开介绍，而是使用"我2009年毕业于某某大学……""我的主要执业领域包括……"，以凸显领英的"个人"以及社交属性。

Full-service marketing, branding, and website-development firm with a specialty in Law, Accounting, and other professional-services firms. Fishman Marketing helps firms dominate their markets and generate millions of dollars in additional profits. One of the legal profession's most-popular marketing speakers, he has presented more than 300 keynote presentations, associate and partner retreats, marketing-training, and Ethics CLE presentations.

Ross Fishman is a former Litigator, Marketing Director, and Marketing Partner known for powerful and revenue-producing branding campaigns, websites, and marketing initiatives.

Called "the creative mind behind a host of law firm campaigns that have redefined the field" (San Jose Business Journal), a "branding guru" (JDBliss), and "one of the country's leading experts on law firm marketing" (Lawyers Weekly USA), Ross has launched marketing programs for over 250 firms from Indiana to Istanbul including many of the world's largest firms and global networks. (See Fishmanmarketing.com/results for over 100 detailed case studies.)

Fishman Marketing marketing programs and websites have received countless international marketing awards from organizations ranging from the LMA and ABA to Inc. magazine.

Known as an "entertaining and educational" presenter, Ross has conducted more than 300 law firm retreats, continuing legal education (CLE), and marketing-training programs on five continents, including once presenting on three continents in 24 hours. His entertaining Ethics CLE presentations are especially popular. (See http://tinyurl.com/qyvw7la and www.lawfirmspeakers.com/p/cle-qualified-presentations.html)

作品文件 (4)   〈 上页   下页 〉

Ross Fishman Legal Marketing Speaker, Keynotes, Ethics CLE

The Ultimate Law Firm Associate's Marketing Checklist"

Strategy and Social Media- Google Linkedin Wikipedia Avvo Quora...

收起 ⌃

❑ 在领英上搭建自己的人脉关系网，与朋友、高中同学、法学院同学、校友、律师事务所的合伙人及律师、其他同行、客户建立联系。

❑ "关注"母校以及法学院校友会的领英账号，充分利用这些账号寻找校友，拓展自己的人际关系网；关注你工作的律师事务所的领英账号，与其他业务团队、其他办公室、市场团队建立联系。

❑ 至少每周浏览一次自己的领英账号，及时管理新的"未回复邀请"，搜索并添加上一周在工作或者社交场合上认识的新联系人；在通知功能下浏览联系人的新状态、新工作并说声"恭喜"或者借此机会直接发送一封"恭喜"的电子邮件以巩固关系。

❑ 定期更新、添加自己在领英上的信息：如果撰写了新的案例分析、法律评论，要及时上传到"作品文件"部分。

❑ 定期分享、转发其他资深律师、合伙人或者市场团队发布的内容——从对市场营销及业务拓展的重要程度上来说，在社交媒体上分享、转发其他人发布的内容与频繁地发布新状态或者勤勤恳恳地撰写新文章不分伯仲，大家会通过你分享或者转发的内容、你所在律师事务所的市场活动对你进行"市场定位"，这种"市场定位"一旦形成就不易再通过你的行为去改变或者修正，因此需要慎重对待。

❏ 养成"认可"（endorse）他人专业技能的习惯——这些"他人"包括客户、朋友、校友、其他律师、律师事务所的市场及其他支持团队、潜在客户；认可他人的技能可以直接点击"精选技能"旁边的"＋"号，并不需要你花费时间阐述双方共事的情况或者熟悉的经过——可以算得上十分"省时省力"的社交方式之一。

精选技能

Marketing Strategy · 99+ ⊕ 　Jim Durham和其他 15 位同行专家认可了该技能

　　　　　　　　　　　　　　　3 位Ross的Fishman Marketing同事认可了该技能

Strategy · 99+ ⊕ 　　Stephen Gold和其他 22 位同行专家认可了该技能

　　　　　　　　　　　　　　　3 位Ross的Fishman Marketing同事认可了该技能

Legal Marketing · 99+ ⊕ 　Scott Cohen和 99+ 位联系人认可了该技能

Ross也擅长…

Marketing · 99+ ⊕	Online Marketing · 99+ ⊕	Advertising · 99+ ⊕
Strategic Planning · 99+ ⊕	Social Media · 99+ ⊕	Media Relations · 99+ ⊕
Business Develo... 99+ ⊕	Public Speaking · 54 ⊕	Public Relations · 99+ ⊕
Leadership · 98 ⊕	SEO · 97 ⊕	Law Firms · 69 ⊕
Branding and We... 28 ⊕	Online Advertising · 81 ⊕	Blogging · 67 ⊕
Marketing Comm... 71 ⊕	Corporate Comm... 36 ⊕	Professional Ser... · 29 ⊕
Strategic Commu... 27 ⊕		

❏ 养成"认可"他人的习惯，你的那些"安身立命"
的专业技能才会经常被他人"认可"。

❏ 如果收到他人就某项专业技能对你作出了"认可"，
请务必先仔细思考、确定你的确具备"一技之长"，
然后再选择"接受"；如果在接受认可时，你不确定
某项技能的含义，就先不要接受——青年律师的个人
主页，包括"精选技能"在内的各项内容都必须准
确、真实——对于成功塑造青年律师的个人品牌来
说，这既凸显作为执业律师的严谨态度，也会打下
"专业、负责、力求完美"的口碑基础。

微　　　博

❏ 如果你还没有微博账号，请马上去注册一个！

❏ 利用业余时间，在家或者办公室以外的地方定期管理
自己的微博。

❏ 利用微博梳理、拓展人际关系网——关注自己团队其
他律师、律师事务所其他业务团队执业律师及合伙
人、你的主要执业领域的那些"大拿"、新老朋友、

校友的个人微博；关注竞争对手、现有客户及潜在客户的官方微博。

❑ 与其将微博当作单纯的社交平台，不如将其作为为你"量身打造"的"个人新闻频道"，通过微博平台你可以了解你的竞争对手、现有客户及潜在客户的动向和新闻，例如其他律师事务所或者律师团队关注的新领域、现有客户及潜在客户在研究的新产品、业务发展的新趋势或者新动态——花一些时间关注这些微博账号在宣传、讨论、评论的话题，有时这些信息可能会起到意想不到的作用。

❑ 每周至少要发一条微博，内容可以涉及你的主要执业领域、你关注的行业或者个人的兴趣爱好；此外，也要转发一些涉及法律热点或者社会焦点的微博，与转发分享微信内容一样，转发这些微博时可以发表一两句评论。

❑ 就像小学生要在一年级就培养良好的学习习惯一样，初出茅庐的青年律师也要培养良好的工作习惯，以提升客户体验——争取在团队内及律师事务所内先树立好"能提供顶级客户服务年轻律师"的口碑：

■ 法律行业聚集了一大批极为聪明、专业能力极强的人。因此，除了必须要在专业技能上下"大力气、苦功夫"外，还要有其他的"看家本领"才能脱颖而出。现在的客户普遍比较注重律师及其团队的沟通能力、时效观念以及便捷程度——能否与外聘律师进行有效沟通、律师团队能否在关键时间节点及时提供法律文件，以及一旦出现棘手或者突发情况能否立即找到律师团队当中的核心律师或者主要合伙人进行沟通。

☐ **定期与现有客户就其案件或项目的进展情况进行直接沟通：**

　■ 与案件或项目有关的各类文件以及沟通细节都要向客户通报或者抄送——有些客户会认为不必事事沟通，那你可以将与案件或项目有关的各类文件复印装订，在定期进行的案件或者项目沟通会后交由客户审阅。

☐ **如果错过了客户来电，务必及时回复客户的电话，回复时间要争取控制在两个小时之内：**

　■ 假设你的孩子突发高烧，你心急火燎地打电话向儿科医生询问要不要去急诊，就收到一条冷冰冰的回复："大夫会在 24 小时之内回电"，对于这种客户体验，你有什么感受？

　■ 如果客户来电时你在飞机上、法庭上或者闭门会议当中，无法在两个小时之内回复客户的电话，就要提前训练秘书帮你定期检查语音留言：

　　■ 由她/他代你向客户回电，说明你目前的情况，例如，你在飞机上或者在法庭上，并告诉客户你能回复邮件或者电话的大致时间，由客户决

定需不需要协调团队内其他律师/合伙人先行处
理相关问题。

■ 在工作及私人邮件的签名栏放上自己的手机号、微信
号及其他通信方式，以方便客户在出现紧急情况时，
能在第一时间与你沟通，不再浪费时间去律师事务所
的官网上查找你的通讯方式。

 ■ 这些客户绝对不会"滥用"这项"特权"，在
非紧急情况下的深夜或者非工作时间绝对不会
打扰你。

■ 养成每天晚上检查一次电子邮件再休息的习惯，包括
休假或者周末的晚上：如果发现客户有紧急情况，务
必第一时间及时处理——如果在休假，可以协调团队
内其他律师/合伙人先行处理相关问题；如果客户提
出了一些普通的事务性问题，可以先与客户约定答复
相关问题的时间，例如"有关此次股权转让可能存在
的法律风险问题，我会在下周一之前详细答复"，以
合理控制客户的预期，并提高双方沟通的效率。

第二年的执业律师

基础目标：

❑ **在团队内树立个人品牌＋积累人际关系资源**

　　作为第二年的执业律师，仍应将成长为一位专业的、卓越的执业律师作为你的首要任务，市场营销和业务拓展对你来说还应被当作长远规划的一个环节。在市场营销方面，你要继续集中精力在团队及律师事务所内树立"个人专业品牌"：一位卓越高效又乐于合作的青年律师。

❑ **定期与你各个时期的校友、其他朋友、过去客户及潜在客户以及"重要联系人"进行联系。**

❑ **再读"第一年的执业律师"这一章节，将从执业第一年开始进行的市场营销工作继续进行下去，例如定期更新在律师事务所官方网站上的简历，包括"近期代理主要案例"的内容；更新并管理领英首页以及联系人，定期转发与主要执业领域相关的专业文章；管理并定期发布微博；管理微信朋友圈，及时整理微信联系人并进行分组。**

❑ 及时将你在各类社交场合认识的"新朋友"纳入你的邮件列表（mailing list），及时与这些新朋友交换微信，并在领英上建立联系；这些"新朋友"至少包括：

   ■ 律师协会其他执业领域的律师以及你的直接"竞争对手"——其他律师事务所与你从事相同执业领域、执业年限相近的年轻律师，通过这些律师你会更了解法律行业的整体情况，以及竞争对手的新动向、新业务。

   ■ 现有公司客户法务部的年轻律师。

   ■ 大型会议、论坛上有机会交谈的其他专业人士。

   ■ 校友会内认识的大学时的各位教授、上下级的校友。

   ■ 交易项目或者诉讼案件的对手律师以及协理律师。

❑ 定期阅读律师协会、传统的权威法律期刊以及重要法律新媒体发布的文章，及时了解法律行业新趋势、新热点，以不断提升专业能力；此外，还要多花些时间了解法律范围以外的"世界"，尤其是你有兴趣的细分领域的基本概念：

   ■ 对于执业律师来说，不断学习、不断成长可以算作重要的"终生工作"之一——就算未来你顺利成长为律师事务所的资深律师或者合伙人，依然要不断学习、紧追市场——"书山有路勤为径，学海无涯苦作舟"。

■ 作为青年律师，可以首先花些时间掌握基本的经济管理的基本规律、银行金融业的基本规则等；如果明确了未来主要服务的细分领域，也可以抓紧时间掌握相关行业的行业惯例及基本概念。例如，假设你对能源行业有浓厚兴趣，就可以开始了解有关清洁能源与传统能源在交易上的差异、能源基础设施建设可能会产生的法律风险、传统油气领域关于上中下游的区分以及涉及的业务范围等。

第三年的执业律师

基础目标：

❑ 继续拓展、积累个人的人际关系资源，与一些公司法务建立较为密切的联系。

❑ 在专业能力之外，要逐步锻炼、提升"软实力"，例如"电梯演讲"（elevator speech）、公开演讲的技巧，撰写专业文章的能力，"面对面"与人深入沟通能力等。"软实力"的提升不仅有利于提高执业律师的自信，还会在青年律师的成长过程中发挥越来越重要的作用。

作为三年级的律师，通过三年的学习和观察，你对自己的执业规划有了更为清晰的定位，但仍要继续努力提升作为"硬实力"的专业能力；现在，你可以逐步投入更多时间、更为积极地去拓展、积累自己的人际关系资源了。

❑ 将执业第一、第二年开始进行的市场营销工作继续进行下去，包括定期更新在律师事务所官网的简历，以及"近期代理主要案例"的内容；更新并管理领英首页以及联系人，定期转发与主要执业领域相关的专业文章；管理并定期发布微博；管理微信朋友圈，及时整理微信联系人并进行分组。

❑ **更为积极地参与当地律师协会的各项活动，尤其是与你的主要执业领域有关的专业研讨会、大型会议等，以树立自己在这些执业领域内的"个人专业品牌"。**

■ 作为青年律师，可以先从志愿者入手，争取通过努力能在律师协会内的相关委员会担任"领导"或者负责核心工作。

■ 如果当地律师协会定期发布简报、月报或者期刊，你可以多花些时间撰写一些专业文章，包括法律评论以及案例分析，在这些简报、月报或者期刊上发表，以提升法律行业内以及主要执业领域内对你的认可，也能为当地律师协会做出一定贡献。

■ 努力创造机会，针对你的主要执业领域，包括某个细分领域或者利基市场，在当地律师协会的专业活动上发表主旨演讲。

❑ **从执业的第三年开始，你可以逐步加大在市场营销和业务拓展方面的投入，每周预留固定的时间进行人际关系资源的积累和拓展。例如，每周邀请不同的潜在客户或者"重要联系人"一起用餐、一起打球，每月**

与团队内的其他资深律师/合伙人一起对重要的现有客户以及潜在客户进行一次实地拜访等。

❑ 花大力气提升"电梯演讲"技巧。

"电梯演讲"——通过三五分钟的沟通让普通人迅速了解一个产品、一项服务、一个公司及其价值的"小演讲"。由于这类"瞬时沟通"通常会发生在双方乘坐电梯进行寒暄的过程中，因此也就被称为"电梯演讲"。

其实，为了良好的第一印象，任何与重要的"普通人"之间进行的"瞬时沟通"都可以被归为"电梯演讲"。例如，在专业论坛或者大型研讨会现场上的"破冰"、在交谊聚会上初次见面进行的自我介绍等，这些社交场合可以算作青年律师拓展人际关系网的主要方式之一——锻炼和提升"电梯演讲"的技巧，以便充分利用这些社交场合进行市场营销及业务拓展，对青年律师而言至关重要。这项技巧并不需要什么"天赋"，无论什么性格的人，都可以也必须通过不断排练修正"电梯演讲"的内容，通过不断实地"作战"提升"电梯演讲"的技巧——现在开始，犹未晚矣。

"电梯演讲"常见的开始信号——对方提问："请问您是做什么工作的?"或者"您大概都接什么类型的案件?"，一次极为有效的"电梯演讲"实则在双方"瞬时沟通"的过程中有效地对这个问题作出清晰、明确、易于理解的回答。

"电梯演讲"技巧的提升可以从三个方面入手：

■ 语言内容。

在较短时间内想方设法通过精练的语言让他人留存良好的第一印象实为每一位青年律师的必修课。关于"电梯演讲"到底要说些什么，可以通过反复的"排练"进行修正及改进，以制定一个能让他人对你产生良好的第一印象的"顶级版本"作为终极目标。这个"顶级版本"的定稿可能需要耗费较长时间和下苦功夫，但"顶级版本"的内容和结构一旦确定，以后的各种"迷你版本"或者"破冰版本"就可以在此基础上仅做微小改动，也算得上"一劳永逸"。

由于每一位律师的自身性格、主要执业领域以及主要执业的地域都存在差异，因此，"电梯演讲"并不存在绝对正确的"顶级版本"。有些律师性格内向、相对慢热，在进行自我介绍时就会比较正式、平铺直叙；有些律师性格外向能"自来熟"，在进行自我介绍时就可能会相对轻松、幽默。例如，性格较为外向的公司并购律师，在进行自我介绍时就可以说："我的工作能让有钱人更有钱，主要负责协助投资老手买卖公司。"

抛开"电梯演讲"的遣词造句不谈，有效的"电梯演讲"大多有三大特点：通俗易懂、以价值为导向、强调差异。

首先，"电梯演讲"都十分短暂——通常在五分钟左右，因此，青年律师在进行自我介绍时就必须"通俗易懂"。在大多数情况下，你与交谈对象都是初次见面或者初次交谈，完全不清楚对方的工作经历或者教育背景。因此，青年律师在进行自我介绍时应减少使用法律行业的专业术语或者难以快速理解的概念。

例如，你的主要执业领域为商业诉讼，在普通聚会上，坐在你旁边的人问及你的工作——发出了"电梯演讲"的开始信号，你可以直接回答："商业诉讼律师"，不过对方如果在此之前完全不了解法律行业，你就还要浪费宝贵的"电梯演讲"时间去讲解"商业诉讼"的含义以及与"非商业诉讼"的区别。因此，在回答这个问题时你可以换一种方式："我主要帮助各种公司打官司"——无论对方对法律行业有没有基本了解，都能一下就十分清楚地了解你的工作内容和性质，在理解的基础上才有可能继续深入沟通，才有机会逐步发展成为真正的重要联系人或者潜在客户。

其次，以价值为导向。有些青年律师存在一定的误解，认为在"电梯演讲"或者与潜在客户进行"初次沟通"时，一定要竭尽全力让对方记住自己的姓名、工作的律师事务所以及主要执业领域，因为客户只有记住这些信息才有可能在出现法律服务需求时找到自己。抱着这种想法，这些青年律师会选择将"电梯演讲"的重点放在"自我介绍"环节，希望能通过遣词造句或者推陈出新让人产生良好的第一印象。其实，"顶级版本"的"电梯演讲"并非如此。一位青年律师的姓名或者就职的律师事务所这些你认为十分必要的内容统统可以印在名片上请对方留存。

以价值为导向的实质在于让对方了解你能产生的"正面影响"，或者换言之——如果未来请你担任外聘律师或者与你合作会产生的"好处"。理想的"好处"必须明确与对方的主要业务直接相关，有一些较为客观的评价标准。在双方宝贵的"面对面"环节中，必须要花时间积累、下苦功夫练习"准确让对方理解你能为其创造的价值"，在"电梯演讲"当中你要对"认识你究竟有什么意义"这个问题作出明确回答。

以商事诉讼律师为例，除了介绍自己能"帮企业打官司"外，你还可以举例说明近期代理过的一两起比较有代表性的案件，并以案件的审判结果作为"客观评价"。例如，"我的团队这几个月代理了 A 起诉 B 的那起诉讼案件，结果二审判决为 A 追回了 200 万元人民币的违约金"。

最后，强调差异。想要通过极为短暂的交谈就让对方对你产生良好第一印象的窍门之一就在于你要把握机会说明、强调自己的"与众不同"。

假设你要在一场专业研讨会或者大型论坛的茶歇时段进行"电梯演讲"，在有众多"竞争对手"以及重要潜在客户都在场的情况下，学会"强调差异"就尤为重要。从重要潜在客户的角度出发，在今天的会场上他势必会认识许多主动上前攀谈的年轻律师，包括许多与你的执业领域完全一致的其他律师。在这种情况下，如果你无法突出自己与这些律师之间存在的差异，那些通过"电梯演讲"产生的第一印象可能会迅速模糊起来，无法对之后的工作产生助益。对于重要潜在客户来说，"电梯演讲"的内容如果不强调差异，就会沦为"普法小讲座"或者针对某些执业领域的入门讲座，那些重要的潜在客户也就无法对你产生任何印象——你好不容易鼓起勇气、突破自我去进行的"电梯演讲"势必无法达到拓展人际关系网这一终极目标。

在"电梯演讲"过程中强调差异的方法有不少，再以商事诉讼律师为例。与其说自己"主要帮助各种公司打官司"，你可以强调自己团队的胜诉率大约在85%左右，远高于法律行业的平均水平；或者作为一名并购律师，你可以强调自己比较关注能源行业的并购项目，尤其是新能源行业的并购项目以及近期参与过的相关项目等。至于你要强调什么差异、差异的细节和内容则要根据社交场合进行适当调整——在一个律师云集的法律行业研讨会或者大型公司法务论坛上，你可以准备相对较为专业的数据和案例；如果要参与某个行业协会的大型论坛，例如建筑工程或者机械制造协会组织的年度论坛，可能就要准备相对通俗易懂的自我介绍以及直接与这些行业有关的法律话题。

除此之外，在语言方面，对青年律师来说，"电梯演讲"以及日常与人沟通中的常见错误在于语速过快。语速过快有许多原因，一则"电梯演讲"的时间确实十分短暂，在有时间压力的情况下，许多青年律师就会不自觉地提高语速，希望能争取在对方失去兴趣之前，完成自己为拓展人际关系网准备的"陈述"；再者，在实际进行"电梯演讲"的过程中，你可能十分认真地在家"排练"过数十次，在各种社交场合重复了上百次类似的自我介绍，所以在潜意识当中，你会认为这些内容有些无聊，也就会不自觉地提高语速，提前讲完这些内容，以便将双方之间的交谈快速推向业务拓展的相关话题。

从那些真正想要了解"你能做什么"的交谈对象的角度，他与你初次相识，甚至第一次认识一位专业律师，作为沟通中的一方，你有"责任"让对方"充分消化"精心准备的"电梯演讲"内容，"连珠炮"和"机关枪"或许适合法庭辩论或者团队内的交流，也符合大家对专业律师的"固定印象"，却并不会在"电梯演讲"的过程中产生积极的影响。许多第一次与你交流的潜在客户反而会认为你攻击性过强，不易沟通和合作，并就此对你产生负面的第一印象。因此，在进行"电梯演讲"的时候务必要控制语速！

■ 肢体语言。

在进行"电梯演讲"时，肢体语言与实际谈话内容的重要性不相上下——"正向"的基础肢体语言包括：头倾向一侧，表示你正在集中精力与对方沟通，并有兴趣继续了解对方陈述的内容；在陈述"我主要帮国内企业去海外收购家族企业"这些重要信息时，轻轻点头让对方对这些内容产生更为深刻的印象；在谈及解决某些专业问题的详细步骤等相对专业或者逻辑性较强的话题时，配上手势，以方便对方能"瞬间"更为直观地理解你想要表达的内容。针对不同性别或者地域的执业律师，可以使用的肢体语言也要有所区别。"电梯演讲"的肢体语言和语言内容一样，都要反复"排练"、修正、完善，达到自然又不过分夸张，并能提高沟通效率的目标。

在肢体语言方面，"电梯演讲"过程中的常见错误在于"过分僵硬"。造成肢体僵硬的原因十分容易理解——在"电梯演讲"的"初级阶段"，你就像小学生当众背诵课文一样——你要集中精力背出自己精心准备、排练过无数次的自我介绍。在逐字逐句背诵的过程中，你的身体会不由自主地紧张和僵硬；而在进行"电梯演讲"以及日常沟通的过程中，一方的肢体语言极为僵硬，就会让对方开始不安、提高戒备心，双方之间的沟通也就不会产生良好的效果。因此，对于希望通过"电梯演讲"快速拓展人际关系网的青年律师来说，改善肢体僵硬这一常见错误十分重要。

然而，改善肢体僵硬并不存在什么捷径或者窍门，你必须要投入更多的时间去熟悉自己"电梯演讲"的"终极版本"，以致达到条件反射的程度，以帮助自己在与潜在客户或者重要联系人的交谈过程中能将焦点放在对方的反应或者对方提出的问题上，而不用去过度关注自己的"台词"和肢体语言。

■ 后续联系。

一场有效的"电梯演讲"应以对方在结束交谈之后意犹未尽并希望与你继续深入沟通作为结尾，由于时间有限，你可以及时与对方交换名片，或者直接约定后续"一对一"拜访的时间，并以此作为后续联系的契机。

双方交换名片之后，你可以在对方的名片背面仔细记录此次会面的社交场合以及这次"电梯演讲"的主要内容；如果在沟通的过程中你认为对方近期会出现一定的法律服务需求，双方存在开展合作的可能性，也要立即记录下来。在活动结束之后，你要花些时间对收到的名片进行统一整理并进行客户管理。

由于法律行业的专业性及特殊性，就算十分资深的合伙人也不可能通过一次"电梯演讲"就直接引入新案源或者新客户，所以青年律师大可不必以此为目标——作为专业服务提供者，过分的"直接销售"可能会导致重要联系人以及重要潜在客户认为你把主要精力都放在市场营销和业务拓展上了，反倒挫伤了对你的专业能力的积极评价。

❑ **学会将"社交联系人"转变成潜在客户。**

■ 首先要明确——将"社交联系人"转变成潜在客户的过程将会相对漫长，就像之前提到过的"七次规则"，潜在客户要至少七次接收到有关某项服务的营销信息，才有可能作出购买的决定——对于专业性较强的法律服务而言，七次可能还远远不够。通常而言，将通过普通的社交场合结识的"社交联系人"顺利转变成可能购买法律服务的潜在客户大约需要 7～20 次不同方式的沟通。

■ 学会"积极聆听"：

积极聆听（active listening）——一项被广泛用于访谈、谈判、公共关系、市场营销以及冲突消除的沟通技巧，要求一方百分之百集中精力去理解、回应、牢记对方表述的内容。与积极聆听相对应，消极聆听（reflect listening）则指一方"像反射一样"机械地重复对方表述的内容，并以此表达自己理解对方想要表达的含义。

对专业律师而言，积极聆听则指通过语言以不同的表述方式，对客户作出回应。这项技巧可以被广泛用于与客户之间的访谈、谈判或者诉讼律师与法官之间进行的庭前会议，以及律师团队内的日常沟通当中。积极聆听要求律师认真理解客户的陈述，并通过自己的回应让客户相信自己充分理解了他想表达的内容。在处理案件和交易谈判的过程中，积极聆听能有效帮助律师"查缺补漏"，避免错过某些重要的事实，必要时也能有效避免客户对律师"连珠炮"式的提问产生"敌意"。

有关积极聆听与消极聆听的区别，可以试举一例说明：

客户：	"这次交通事故发生的时候我十分生气，不过现在我好多了。"
消极聆听的律师：	"我理解，这场事故让你十分愤怒。"
积极聆听的律师：	"你现在的生活十分美好。"

积极聆听的律师会明确地向客户阐述自己理解的内容；与此相反，消极聆听的律师则不会做出"我确实理解了你想要说的话"这类的表述。常见的消极聆听回应包括："嗯嗯""我能理解""对""好"，仅用点头作为对客户的回应或者机械性地重复客户先前表述的内容。

■ 辨别能力 & 沟通能力。

为有效进行积极聆听，青年律师首先要锻炼自己的辨别能力——快速并准确地理解客户表达内容的能力。换言之，作为律师，必须能在较短时间内弄明白客户到底说了什么。因此，积极聆听的第一步要求你能精准区分客户陈述的实质内容和冗余内容。

积极聆听的第二步则要求律师拥有出色的沟通技巧，有能力针对客户先前表达的内容作出"回应"，这种回应并非"反射式"、机械式地复述客户说过的话，而应根据律师对客户陈述实质内容的理解、"去粗取精"进行积极回应，并促进客户进行更为充分的表达——恰当运用这项技巧不仅能从市场营销和业务拓展的角度帮助律师有效挖掘客户潜在需求，在实际的专业工作中也能帮助律师更为全面地掌握案件或者交易情况，提高案件或者交易准备工作的整体效率。

想要完全掌握积极聆听的技巧并非易事。积极聆听要求律师能准确理解并在短时间内对客户陈述的客观事实或表达的主观感受进行提炼。从这个角度讲，积极聆听技巧的实质实为律师执业的核心专业能力——站在客户的角度思考问题。

■ 客观事实 or 主观情绪？

要准确理解客户陈述当中的实质内容可以从两个不同

的角度入手——客观事实与主观情绪。

事例1

> 客户："这份合同拖累了整个项目的进度。如果能收到那些材料，我三天之内就能完成工作。"
>
> 律师："这份协议在耽误整个项目的进展，那就要马上处理这份合同可能涉及的违约问题……"

事例2

> 客户："我担心这份合同要不能按时履行，我会被整个公司领导层谴责。"
>
> 律师："如果这份合同无法及时履行，你十分担心会为此承担责任。"

在事例1中，客户主要陈述了客观事实，而在事例2中则强调了自己的主观情绪——客观事实和主观情绪都可能会成为律师积极聆听的分析对象。对于经过专业训练的律师而言，分析、理解客观事实相对容易，而体会客户的主观情绪则相对复杂——表达主观情绪既可以直接明确，"当他说想离婚、想马上离开的时候，我快要崩溃了"；也可以相对隐晦，"就在那天晚饭之后，他提出想要离婚，还想马上分家"。积极聆听要求律师能迅速理解客户在表达主观情绪时的"言外之意"。

对于积极聆听的"新手"而言，针对客观事实的积极聆听相对容易；对于青年律师而言，相较于主观情绪，针对客观事实的积极聆听也更为重要。伴随工作经验的积累，你的积极聆听技巧也会日渐娴熟，这项技能对于律师工作的助益会愈发凸显。在进行业务拓展时，律师如果能针对客户的主观情绪作出积极聆听——挖掘客户的"真实痛点"将会事半功倍。积极聆听的目的在于帮助律师快速建立与客户之间的信任关系，并凭借这层信任关系了解更多客户的实际需求或者项目情况。

律师与客户进行沟通的首要目的是通过客户了解有效信息，并将这些信息作为业务拓展或者案件准备工作的基础。如果律师无法有效地向客户了解全面信息并从中剥离出自己需要的事实，在专业工作上就可能会向客户提供错误的法律意见；在业务拓展方面就可能会浪费宝贵的时间为客户介绍其完全不需要的法律服务。为避免出现这些过错或者错误理解重要信息，律师会通过连续提问来了解相关信息。作为专业律师，从客户体验管理以及工作标准化的角度，你可以针对你的主要执业领域提前准备好"问题清单"，一旦明确客户需要的法律服务，例如，破产重组、海外并购或者普通商业合同纠纷，你就可以依据相应的"问题清单"逐一了解你需要的信息。

积极聆听与大多数律师在与客户沟通时采取的传统方式的本质区别在于——客户的状态：

客户：	"我不久之前从 AA 二手车市场买了一辆车，没开多久引擎就彻底坏了，现在这辆车基本报废了!"
消极聆听的律师：	"嗯嗯，你买车的时候签订书面合同了吗?"
积极聆听的律师：	"这么贵的车买来还没多久就基本报废了，你一定十分懊恼。"

在这个事例中，消极聆听的律师直接取得了双方这场交谈的绝对控制权，客户会被律师引导、被迫直接开始回答相关问题。这位律师实际在通过提问暗示客户："作为律师，我清楚什么信息重要；这场谈话的内容必须由我决定。"实际上，在与客户的沟通中不必过早"争夺"绝对控制权。这位律师提出的问题可能确实十分重要，因此，双方一定会在沟通的某个阶段就书面合同的情况进行讨论。消极聆听的律师生硬的处理方法会打断客户的表述并被迫大步追赶律师的"节奏"——如果个人客户从未有与专业律师交谈的经验或者公司客户初次与新的外聘律师沟通，沟通初期的两三个生硬的问题可能就会让客户陷入被动，不再充分表述自己了解的信息。

与之相比较，积极聆听的律师对客户表述的客观事实和主观情绪分别作出回应：车报废了且情绪十分懊恼。客户可以由此确定这位律师充分理解了自己表述的内容，并会在接下来的沟通中更为自信地表述那些他掌握的信息，并更愿意对能进行积极聆听的律师"知无不言，言无不尽"。

诚然，有些被主观情绪控制的客户可能会提供一些错误或者不完整的信息，不过对律师而言，这些情绪本身也应被视为重要信息。在现实工作中，许多青年律师会忽视客户主观情绪的重要性，认为自己的工作范围从法律条文和复杂案例开始，到解决专业法律问题为止，并不包括从"客观事实＋主观情绪"全方位为客户解决问题。

青年律师有这种观念或许要归因于大家在法学院接受的教育。在法学院大大小小的各种案例当中，身处困境的当事人被称为甲乙丙丁或者 ABCD 而成为"纸面人"。未来的律师在法学院学习的过程中整天忙着钻研这些"纸面人"面临的法律难题，不会有机会、有时间去考虑"纸面人"真实的主观情绪。因此，到底怎么与有血有肉的"大活人"进行沟通就成为许多青年律师出道之后极为重要的"必修课"——越快掌握包括积极聆听在内的沟通技巧，学会从"客观事实＋主观情绪"全方位为客户解决问题，才能越快成为真正的执业律师。

■ 积极聆听的"经济效益"。

"出色的律师＝出色的商人"，积极聆听也有着十分重要的商业意义——在法律市场上，律师与客户的初次会面在过去十年当中出现了极大转变：现在律师与客户的初次会面基本上不会收取任何费用，客户会在与律师仔细沟通之后再决定要不要与这位律师合作。因此，律师需要在第一次会面时就快速建立与客户之间的信任关系，才有可能有效引入新案源或者新客户——积极聆听的主要目的和重要作用就在于帮助律师快速建立与客户之间的信任关系，并凭借这层信任关系了解更多客户的实际需求或者项目情况。

善于运用积极聆听技巧还会极大提升青年律师的工作效率。运用积极聆听可能会让律师在与客户会谈上多花一些时间，不过由于沟通效率大大提高，反倒能帮助律师了解更多有效信息。在计时工作的项目上，你能在提升工作品质的前提下有效为客户节省支出——站在客户的角度，下次就还会希望能与你合作。在客户忠诚度整体较弱的市场环境下，你或许能借此为自己编织一张"职业安全网"。在固定收费的项目上，你会为团队以及律师事务所节省成本，资深律师和合伙人会更愿意在接下来的其他项目上与你合作，你就能更迅速地在团队内以及执业领域内树立自己的个人品牌，积累展业经验。

■ 自我审查：你作出回应的内容、强度和形式。

青年律师提高积极聆听技巧主要依靠不断实践、不断自我审查，在与客户会谈后从内容、强度和形式三个角度复盘自己当时做出的回应：

- 内容——正确理解了客户表达的客观事实和主观情绪。
- 强度——正确评价了客户的主观情绪的强度。
- 形式——作出回应时有没有使用"引导词"。

试举一例说明：

> 客户："面对愁眉不展的材料商，我十分尴尬。我必须向他转达一条不太好的消息，由于没收到总承包商支付的劳务费，我现在没办法支付他的货款。"
>
> 律师："我能理解，你没拿到劳务费，对总承包商有些生气。"

从内容、强度和形式三个角度分析，这位律师作出的回应并不恰当：

A. 对客户表述的客观事实理解有一定偏差：客户在描述自己与材料商之间的沟通，并非与总承包商之间就劳务费产生的矛盾；客户表达的主观情绪为"尴尬"——包含窘迫和内疚，与这位律师理解的"生气"大相径庭。

虽然积极聆听在双方沟通的过程中可以完成"自我纠错"，但律师仍应争取不断提高作出回应的准确度。在上述事例中，当客户在律师作出并不准确的回应后，可能会加以纠正："不不不，我面对材料商真的十分内疚。"——如果客户能及时作出这样的纠正，律师第一次作出的、不适当的回应就无伤大雅。一旦客户过于沉浸在自己的主观情绪当中，无法及时作出纠正，这位律师可能就会在客户与总承包商之间的关系和矛盾上浪费大把时间。

B. 对客户表达的主观情绪强度的评价也不太准确：客户在表述中使用了程度修饰词"十分"，表达了比较强烈的主观情绪。这位律师在回应中使用了"有些"——一个较为中等强度的修饰词，并未正确评价客户主观情绪的强度。

有时，客户可能会出于各种复杂的原因而让自己的表达"言不由衷"，在这种情况下，对客户表达的主观情绪作出精准回应就要求律师重点关注客户的肢体语言和语音语调：

> 客户："我十分高兴能到你的办公室来讨论订立遗嘱的事情。"（语速缓慢、声音低沉、微微低头）
>
> 律师："你正在考虑订立遗嘱，不过可能出现了一些棘手的问题。"

这位律师不仅准确理解了客户直接表述的内容和情绪——"订立遗嘱"的需求以及"高兴"的主观情绪，也通过肢体语言和语音语调正确理解了客户未直接说明的情况——"出现了棘手的问题"。

C. 使用"地雷"引导词："我能理解。"

在作出回应时，务必去掉一些你习以为常的"引导词"，例如在上述事例中的"我能理解"。有些客户在高度焦虑时会十分反感律师使用一些"职业习惯式"引导词，这些引导词会激发客户的逆反情绪："你说你理解我，我事情才讲到一半你怎么可能理解我面临的困难。"这种逆反情绪由此会大大削弱律师与客户之间好不容易建立的信任关系——在这场沟通之中，你接下来说的话、提供的专业建议，客户可能都会产生不信任的想法。

此外，使用这种"职业习惯式"引导词，包括"这么说来你认为""我理解你说的问题"，客户可能会认为你十分冷漠、置身事外，无法对他的处境产生"共情"，以至于认为与你"话不投机半句多"。因此，在你对客户作出回应时，要避免使用这类"地雷"引导词，这也会让你的回答更自然、更真实，促进客户进行充分表达。作为律师，与其对客户说："这么说来你对于这份合同的进展情况有些焦虑"，还不如直截了当地说："你对这份合同目前的进展情况有些不安"。

■ 绕过"绊脚石"：积极聆听的常见错误。

为更好地掌握积极聆听的技巧，你首先要承认有些你习以为常的沟通方式并不能促进你与客户之间的沟通，反倒会抑制客户进行充分的表达。许多律师会不自觉地使用连续提问、进行"无效"安抚及过早提出建议这些方法推动与客户之间的沟通。可惜，在大多数情况下，这三种方法都会反过来成为双方沟通的"绊脚石"。

A. 连续提问

"提问"一直被视为律师与客户进行沟通的基本手段，不过"机关枪"式地不断向客户抛出问题却并不能有效帮助律师获得太多有效信息，如果这些"连珠炮"当中还包含许多诱导性提问——律师阐述问题涉及的主要内容而客户用"对"或者"不对"就可以回答的问题，就可能会对客户进行充分表达的意愿产生负面影响。试举一例说明：

客户："我当初就不该找这家装修公司，这次装修快要让我崩溃了……"

律师："你和装修公司签订书面协议了吗?"

客户："没。"

律师："现在装修完工了吗?"

客户："没。"

律师："再说说其他装修细节吧?"

客户："没什么其他细节了，你都问到了……"

这位律师的一连串诱导性提问都在暗示客户：不要尝试谈论律师没问的内容和话题，认真回答律师提问就可以了。这位律师在双方的沟通过程中占据了绝对控制权，并通过"机关枪"式提问不断强调这种控制权——"作为律师，我十分清楚我要了解什么信息，你认真回答我的问题就可以，有些你认为重要的信息对我可能毫无用处"。

这种暗示必然会导致客户在双方沟通的过程中精神紧张、少言寡语，对客户体验也会造成严重的负面影响。

　　B. 进行"无效"安抚

　　有时，律师会在积极聆听的回应中不自觉地对客户进行"无效"安抚，这种安抚不仅无法起到基本的安抚作用，还有可能会成为双方沟通的"绊脚石"。如果客户正在深陷泥淖或者在表述自己的法律需求时掺杂了强烈的主观情绪，这种"无效"安抚对双方沟通的破坏力就更为明显。

客户：	"每次想起这场事故我都要崩溃了，我真不知道该怎么处理。"
无效安抚的律师：	"不要担心，我都能处理，一切都会好起来。"
积极聆听的律师：	"这场事故让你十分难过，你还不确定要选择什么方式来处理事故。接下来，我可以花些时间和你讨论一下这个问题。"

　　进行无效安抚的律师试图通过三言两语就能宽慰客户，但客户却不太可能轻易就恢复心平气和。如果客户的主观情绪极为强烈，就完全无法进行理性沟通，可能也无法提供律师需要了解的重要信息。轻描淡写地说出"一切都会好起来"的律师，就像你正头痛欲裂，有人安慰你

说："不必担心，吃了药，过一会儿就能好"，你的第一反应可能会认为"这个人真敷衍，并不关心我现在到底有多难受，真虚伪"，而不会真正相信这个人在真诚地关心你。一位律师对客户进行条件反射式的无效安抚，可能会导致客户认为律师对自己的主观情绪选择完全忽视，或者律师过于置身事外，无法充分理解客户面临的困难，也就无法有效解决自己的法律难题。一言以蔽之，试图通过无效安抚帮助客户迅速恢复理性并推进与律师的沟通，可能反而会伤害律师与客户之间的信任关系。

在上述事例中，积极聆听的律师的回应更为专业和有效。客户在收到这样的回应之后会比较容易相信律师正在尝试理解自己想要表达的内容，因此也会比较进一步"分享"自己了解的相关信息，帮助律师挖掘自己身上的法律服务需求。一旦客户发泄完内心的愤怒或者其他强烈的主观情绪，就会更为理性地与律师配合完成业务拓展或者实际案件的准备工作。

C. 过早提出建议

许多年轻律师的通病之一——过早提出建议。有些青年律师在进行业务拓展或者双方实际合作的过程中会依据客户的三言两语就迫不及待地提出一些专业建议，希望能借此突出自己专业能力突出、在相关执业领域经验丰富，不为自己留下通盘考虑方案的空间。这些并不成熟的专业建议有可能对双方之后的合作留下隐患，导致团队内的资深律师或者合伙人要花费大把时间为你"填坑"，在青年律师专业能力的关键成长阶段也可能会导致客户对你的专业能力作出负面评价。

> 客户：　　　　　　　"我那会儿都要气炸了，销售拒绝为我退货的时候，我大脑一片空白，结果什么反对的话都没说出来。"
>
> 过早提出建议的律师："如果下次你再碰上这种情况，一定要当场坚持让销售退货，还要直接退款。"
>
> 积极聆听的律师：　　"你当时可能有些恼羞成怒，认为销售在卖货的时候欺骗你了而你上当了。"

　　过早提出建议的这位律师作出的回应对其与客户之间的沟通其实没有什么实际作用。客户想要聘请律师的时候与去急诊相似，希望能马上解决现在正在面临的、必须要解决的棘手难题，并不想进行"体检"，更不想现在就去讨论下次面对相同情况时候可以采取的预防措施。这种建议和对话如果发生在家人之间或许还能起到积极作用，但发生在律师与客户之间却可能会导致客户对你的专业能力做出负面评价。

此外，这位律师提出的建议直接打断了客户对主观情绪的表达，表面上律师确实在第一时间为客户提出了专业"建议"，但实际上却在暗示客户"你可能完全没有解决这些难题的能力"——这种说教式的建议会导致客户对律师产生逆反情绪，为了不会再次"被教育"还会提高自己在与律师沟通时的戒备心，对一些重要信息进行"修饰"。

积极聆听的这位律师的回应对双方的沟通会产生一定的推进作用。客户会认为这位律师理解、包容了他的懊恼和无奈，也就会乐于与律师探讨当下面临的棘手难题。在律师做出这种回应之后，客户可能会更为充分发泄自己的负面情绪，迅速恢复理性并推进与律师的进一步沟通。

与此类似，律师在与客户沟通的过程中也不需要对客户提出的每一个问题都立即作答。有时客户的提问确实出于对双方探讨的某一个话题存在困惑；有时客户提问，尤其公司法务或者其他客户拥有一定专业经验的客户在沟通过程中的提问实为希望律师帮助自己整理思路。对这些问题使用积极聆听的技巧，作出适当的回应能有效地巩固客户与律师之间的信任关系。

试举一例说明：

> 客户："你认为我接下来需要怎么选择？"
>
> 律师："你在方案的选择上好像有些纠结。"
>
> 客户："对，我自己现在倾向于对方提出的方案 A，不过有些担心如果选择方案 A，公司高层可能会……"

青年律师可能经常会遭遇一些心急火燎、一坐下就要求律师提供专业建议的客户，面对这些客户，律师自己首先要放缓节奏，想方设法帮助客户"回归正轨"以了解更多有效信息再提供建议，切忌被客户打乱节奏。放缓节奏的方法有很多，例如：

> 客户："不要浪费时间了，前方的谈判团队需要我马上确定一个方案！"
>
> 律师："好，不过我还需要了解一些详细的情况再提供建议——从方案 A 开始：对于方案 A 你会担心什么，争议解决条款？"

此外，青年律师需要牢记：律师运用积极聆听技巧的目的在于让客户相信自己充分理解了他想表达的客观事实和主观情绪，并期待客户进行更为充分的表达，不要求也不能要求律师完全认同客户做出的某些判断或者抱持的某些观点——律师要提供专业法律服务，并不需要去迎合客户的判断和观点。举例说明：

客户：	"当时前面的车如果直接开过黄灯，我就不会发生追尾了。"
迎合客户的律师：	"对，追尾的责任在前车，不在你。"
积极聆听的律师：	"前面的车当时一直往前开，就不会出现追尾事故了。"

迎合客户的律师在对客户作出回应时其实并未运用积极聆听的技巧。可能这位律师自己清楚"追尾的责任在前车"这种判断完全不成立，但通过这种迎合式的回应客户会固化自己错误的判断，律师在双方之后的沟通当中要么要花费大把时间扭转这种"错误"，要么可能会让客户认为律师在处理案件的过程中发现自己的专业能力不够才要反过来纠正自己的错误判断。总之，这种迎合式的回应后患无穷。

积极聆听的律师则对客户作出了恰当的回应——在尚未充分了解相关信息的情况下，这位律师并不对"究竟谁错了"直接作出判断，先通过自己的回应选择向客户说明"你之前表述的客观事实我都理解了"。这种回应虽然并未对客户作出的判断予以支持，但会促进客户进一步与律师分享追尾事故的细节。此外，如果在了解过事故整体情况之后，律师向客户说明这次的追尾事故确实要由他来承担责任，客户也会更乐于接受——即便律师作出了对案件或者交易对客户不利的判断，这些客户相信律师的判断建立在完全了解客观事实并充分理解其主观情绪的基础上，因此客户也就更易于接受，并迅速配合律师将工作重点放在扭转不利的局面上，争取相对积极的案件或者交易结果。

总之，青年律师在与客户进行沟通的过程中要学会运用积极聆听的技巧以便快速了解客户的潜在需求或者案件的实际情况。善于运用积极聆听技巧的律师会更为有效地建立和维护与客户之间的信任关系，提升客户体验、提高客户忠诚度——为青年律师编织一张梦寐以求的"职业安全网"。

■　学会提问：对社交联系人进行有价值的提问。

- "进行有价值的提问"——你在了解对方企业的主营业务、重点关注的行业和地域以及主要产品结构的基础上提出的问题，对社交联系人进行有价值的提问会让他真实地体会到你对他的业务以及对为他的业务提供辅助有兴趣，也掌握了一定的基础知识，促进双方进行高效的沟通并迅速建立信任关系。

- 在每次会面或者电话沟通之前，做好功课——花些时间浏览社交关系人的公司官网，了解该公司的业务、与你有关的人事变动以及近期业

务的发展重点，也可以花些时间检索、阅读该
公司重点关注行业近期出现的新闻事件。

■ 在与社交联系人的沟通过程中学会主动寻找业务机会：

- 了解社交联系人自身职业发展目标；
- 了解社交联系人所在公司的商业发展目标。

站在辅助对方达成自身职业发展目标以及公司商业发展目标的角度，为社交联系人提供一些法律或者商业建议——"赠人玫瑰，手有余香"。

■ 与律师事务所的人力资源团队以及承担市场工作的合伙人沟通，提出定期组织针对青年律师市场营销和业务拓展能力的内训，主要学习建立并拓展人际关系网的技巧和方法：

- 建立和拓展人际关系网完全可以通过后天学习、掌握，学习这项技能也并不困难，对青年律师的主要挑战在于许多情况下，建立和拓展人际关系网的"正确动作"可能有违大多数律师的直觉判断和本能回应。
- 青年律师要牢记：建立和拓展人际关系网的核心窍门——你说的越少，潜在客户说的就越多，你就越有可能从中发现潜在的业务机会！

■ 学会交叉销售——挖掘现有客户的新业务需求。

- 在与现有客户的公司法务闲聊时，如果对方谈

及公司近期发展了新的业务领域、正在讨论新的交易机会或者近期亟待解决的复杂法律难题，你就要马上"警觉"起来——首先判断这些新业务领域、新交易机会的规模和难度是否需要外聘律师参与；如果需要，你就要分析自己的团队或者律师事务所是否有能力为客户提供相关法律服务。

例如，如果一位现有客户的公司法务提及这两周都在为公司处理劳务合同和人事纠纷，那他就会有较大可能考虑外聘经验丰富的劳动法律师；如果公司法务提到公司管理层正在考虑以某个国家或者地区为目标进行业务拓展或者新设全资子公司或者收购上下游企业，那他就会有极大可能准备外聘在相关国家和地区拥有公司法团队或者设有办公室的律师事务所处理相关合规问题。

- 一旦你确定某个现有客户出现了新的业务需求，就要及时与该客户的客户关系管理合伙人或者资深律师直接沟通，以便在第一时间、由合适的律师与该客户探讨新的合作机会。

■ **定期阅读传统期刊、线上线下法律行业以及执业领域相关行业的新闻动态以及专业文章。**

- 关注与自己主要执业领域及执业地域及在法律或者相关行业内较为活跃、关注人数众多的微信公众号，例如国内以及国际顶级律师事务所的微信公众号；法院、检察院或者仲裁机构的微信公众号；各地律师协会以及主要执业领域涉及的行业协会运营的微信公众号；主要执业领域内主要企业的微信公众号。

- 关注法律行业以及主要执业领域相关的"行业领导者"的微博或者领英账号，及时了解这些"领导者"对行业动态以及发展趋势的分析和理解。

☐ **将重要的现有客户、潜在客户以及重要联系人列入自己的"特别关注"列表。**

- 每两周或者每月浏览一次重要现有客户公司官网的"新闻中心"或者"业务动态"栏目，了解其近期的新业务重点和新发展方向，做好功课，以便在有机会与相关公司法务会面时深入挖掘新的业务需求。

- 通过微博、微信或者领英，及时关注社会联系人以及重要联系人工作信息，如果联系人升迁或者出现工作变动，你可以第一时间通过微信、领英或者邮件送上恭贺并适时就可能出现的新业务机会进行探讨。

- 关注现有客户、潜在客户以及重要联系人在社交媒体上发布的专业相关文章，对与自己执业领域相关的文章可以做出"有效转发"——如果你转发重要联系人自己撰写的文章，那评论的内容可以包括你对文中讨论的新趋势、新发展的思考和观察，近期代理过的类似案例；此外，你还可以通过重要联系人转发的文章内容了解其近期关注的重点和业务情况。

❑ **与自己团队以及律师事务所的"新人"建立社交联系。**

■ 寻找适当的机会进行自我介绍，包括教育经历、工作经历和主要的执业领域。

■ 为"新人"提供一些力所能及的帮助和建议，逐渐成为"新人"的"重要联系人"。

❑ **熟悉律师事务所市场及业务拓展团队。**

■ 市场及业务拓展团队通常了解律师事务所内的核心市场资源和媒体资源，可以成为青年律师极有价值的市场资源——即便你无法立即将这些律师事务所的"市场资源"与自己的执业领域以及个人品牌紧密结合，但了解、熟悉相关资源仍可以为你在自己的人际关系网中拓展新业务提供助力和"子弹"。

■ 市场及业务拓展团队还掌握律师事务所内所有重大业务机会——不同的业务团队都会需要市场及业务拓展团队的配合完成复杂烦琐的投标工作；作为青年律师，如果你能对这些"市场专家"的工作以及专业性予以尊重及支持、重视市场团队提出的建议，你或许就有机会了解到一些重要的业务机会并及时争取参与到这些机会当中，更快积累专业经验并提升个人品牌。

□ **积极参与各类针对青年律师的市场营销及业务拓展培训。**

■ 从团队的角度来说，及时组织针对青年律师的市场营销及业务拓展培训其实十分必要——假设团队透过各种人际关系网了解到某个重要的业务机会，并通过前期努力拿到了投标邀请，但由于团队中大多数青年律师从未参与过市场营销或者业务拓展培训，没写过甚至没见过专业的投标文件，而资深律师和合伙人又将主要精力放在了那些计费工作上——青年律师就在官网上找到团队简介、相关执业领域简介，把这些内容完全不经过"加工"，剪切、粘贴在一起作为投标文件交上去，资深律师和合伙人把小时费率和工作范围稍作改动，其他内容一字未改就把文件递交客户——这种投标工作"程序"可以说十分常见。

作为市场工作的内容之一，投标文件并不需要达到法律文件必须达到的"完美"这一标准——能达到"比自己的竞争对手好"就可以；试想，这样的"标准化"的投标文件递上去，能打动客户吗？如果你的竞争对手多花了一个小时，精心修改了自己的投标文件，开标的时候你会有优势吗？那算不算浪费了好不容易等来的业务机会？

■ 如果你的团队或者律师事务所无法提供这类培训，你可以首先向主管合伙人提出相对详细的需求——例如，律师撰写投标文件的技巧、"破冰"以及"电梯演讲"的技巧、公开演讲的技巧、竞争情报的搜集和使用方法、基础的客户关系管理与维护技巧等。

■ 关于能否参与培训，你也不必太过紧张——越来越多的顶级律师事务所正在加大在市场及业务拓展方面的投入力度，包括建立专业的市场团队、为青年律师提供市场营销及业务拓展培训、购买线上线下的各类市场资源等。

❑ **及时更新领英账号的相关内容。**

■ 花些时间把自己从大学开始就读过的学校和专业、毕业之后工作过的律师事务所和公司、参与过那些或许与法律无关的志愿工作都详细写好，以便在初次与重要联系人建立联系后能立即找到合适的"共同话题"。

■ 及时上传你撰写的或者参与撰写的案例分析和专业文章，写上一两句文章摘要，提供文章的线上地址或PDF扫描版全文。

第四~五年的执业律师

基础目标：

❑ 继续提升自己的专业能力；

❑ 依靠不断积累专业经验、拓展并维护人际关系网，逐步在法律市场和自己的主要执业领域内建立自己的个人品牌；

❑ 在规模较大的律师事务所工作的青年律师要在这两年之内努力成长为"资深律师"。

首先请牢记：每一家律师事务所维护、挖掘现有客户都要依靠出色的法律专业能力和出色的客户体验——第一时间对客户需求作出回应。因此，作为青年律师，不断提高专业能力并管理客户体验，不仅能决定你在从"菜鸟律师"通往资深合伙人或者"大神级律师"的这场并不轻松的马拉松当中能走多远，还决定了你能走多快。

作为第四~五年的执业律师，凭借此前积累的专业经验，你可以努力争取成为当地律师协会下某些专业委员会的联席主席或者秘书长。当然，与其和"大神级"的专业律师一起去竞争某些大热专业委员会的领导工作，作为青年律师，你也可以独辟蹊径，锁定法律市场上的新需求和新趋势"创造"一些执业领域较窄的小专业委员会——比如，近期较为火爆的政府和社会资本合作（Public – Private Partnership, PPP）业务委员会、融资性贸易专业委员会、人工智能（Artificial Intelligence，AI）业务委员会等。

以我自己为例：当我确定自己对法律市场工作的兴趣大于对传统法律文书的兴趣之后，我第一时间致电了美国律师协会（American Bar Association）并成为美国律师协会法律市场营销委员会的主席。事实上，在我致电之前，这个委员会就存在，不过基本上处于"停摆"状态。我成为这个委员会的第一位正式会员，也就理所当然地接过了"主席"的头衔——在我接手之后，我马上完成了"会员数量翻倍"这个阶段性目标，我发展了第二位会员；然后，通过不断努力，美国律师协会法律市场营销委员会迅速发展成为拥有四位成员的"迷你专业委员会"。这个经历让我的说服力暴增，对我的法律市场业务的初期发展阶段也颇有助益。

❏ 青年律师的必杀技——学会焦点营销

现在，作为执业第四年的律师，你可以逐渐将自己的专业经验固定在一些特定行业或者一些特定领域的二级市场或者利基市场上，并在自己选择的细分领域和利基市场进行"深耕细作"、持续发力。许多青年律师在进行市场营销和业务拓展时会有一个常见误区——认为树立个人品牌或者进行市场营销就要提高知名度——"我必须要让这个行业当中的每家企业都知道我的名字"。知名度并不能直接转变为实实在在的新客户或者新案源。在市场营销和业务拓展上真正出色的律师会将提高"市场占有率"以及拿下"市场领先者"的头衔作为终极目标——让潜在客户充分了解你作为法律服务提供者,在与之相关的细分领域和利基市场的"占有市场支配地位",掌握充分的专业知识和十分丰富的经验,行业内的许多主要企业都在享用你的法律服务。潜在客户在接收到这些信息之后,律师的营销工作就会事半功倍,绝大多数律师都在期待的客户"慕名而来"的场景也就有可能逐渐实现。

当然,与提高知名度相比,以市场占有率和"领先者头衔"作为市场营销和业务拓展的目标与手段可能需要更长时间的积累,不过一旦打开局面,以这种方式树立个人品牌的律师会更快获得积极的结果——收获真实的业务机会。

关于寻找一两个特定行业或利基市场的重要性,可以以更为常见的专业服务提供者——大夫进行类比说明。假设你打球的时候严重崴脚,造成脚腕严重水肿,作为一位普通的病人你去急诊挂号的时候可以选择全科大夫、普通外科大夫、骨科大夫以及一位专门治疗崴脚的专家;假设这四位大夫都来自顶级医学院，从业年限相同，挂号费都一样，你会选择挂谁的号？

我想答案十分明确，"脚腕受伤"就一定想要找了解这方面的专家。假设情况紧急或者条件有限，我可能会选择全科大夫、普通外科大夫或者骨科大夫，这三位大夫或许也能药到病除，但从一位普通患者的角度，如果我知道今天有一位在崴脚领域"占有市场支配地位"的专家也出诊，一定会先"对症下药"。绝大多数青年律师都能充分理解上述事例，不过出于行业焦虑或者压力，一旦回到法律市场，就会有一些青年律师无法拒绝或者抑制不住想要成为不放过任何业务机会的"万金油律师"。

在市场营销和业务拓展上，青年律师可以为自己设定相对较为长远的目标。例如，不要成为法律市场上永远不缺、极易被替代的"万金油律师"——聪明、勤奋，在各种分散的执业领域都有一些经验又算不上专家的青年律师；或者希望自己能在一个细分领域和利基市场精耕细作，树立远远超出本年级律师平均水平的、强大个人品牌，并凭借强大的专业能力及个人品牌在律师事务所内以及客户的律师库当中都成为难以被取代的青年律师。

此外，专心积累一些与众不同的执业经验或者专业知识也会为合伙人针对重点客户进行的交叉销售"添砖加瓦"。例如，合伙人在与潜在客户沟通时，发现客户出现了新的业务需求："所以你现在把离岸石油开采技术许可业务（或者监狱改造项目、新材料或者新能源……）列为自己下一阶段的发展重点，那我的团队中正好有一位律师在石油开采技术许可方面有十分丰富的专业经验，他在加入我的团队前一直在一家大型石油公司担任法务……"

以我自己为例，世界上大概没有任何其他律师能比我更了解"工业轮胎制造业"了——我的家族一直在从事工业轮胎的设计和制造，我的父亲和祖父毕生都在设计、制造专门适配地下钻井开采设备、大型起重机、装载机等各类重型工业设备的轮胎。在我成长的过程中，新轮胎的尺寸、规格、填充物的成分这些内容一直都被当作家庭晚餐的常规话题；我小时候把卡特彼勒公司（Caterpillar）[①]的专业铲车模型当玩具；在小学五年级的科学月活动上，我就展示了热补轮胎技术；高中打工的地方在生产工业轮胎的工厂；我甚至还执行过固特异（Good Year）小型飞船[②]的飞行任务。

[①] 卡特彼勒公司（Caterpillar，CAT），世界上最大的工程机械和矿山设备生产厂家、燃气发动机和工业用燃气轮机生产厂家之一，也是世界上最大的柴油机厂家之一。

[②] 固特异轮胎橡胶公司（Goodyear Tire and Rubber Company）世界上最大的轮胎生产公司，总部位于美国俄亥俄州阿克隆市，公司主要在28个国家90多个工厂中生产轮胎、工程橡胶产品和化学产品；固特异公司运营一个小型飞船的团队，日常主要用于广告宣传，在大型体育赛事时负责提供航拍图像服务。

　　换言之，通过从小的耳濡目染，我虽然从未正式从事工业轮胎制造业，但从专业知识的角度也可以算作半个"内行人"了。可惜，在我作为诉讼律师的时候，并未主动去寻找、拓展那些可能需要我在工业轮胎制造业具备专业知识的特定潜在客户群体，也就没有机会成为工业轮胎制造业的法律服务专家。如果我当时就能有意识地"集中火力"以轮胎制造业的专业知识迅速树立个人品牌，针对固特异、约翰迪尔（John Deere）、卡特彼勒（Caterpillar）这些世界500强企业以及橡胶进口商、化工产品制造商进行市场营销和业务拓展，而不急急忙忙就将自己投入芝加哥普通商事诉讼律师的大军，也许我会拥有一个完全不同的执业生涯。我当时在未进行市场调查的情况下主观认为这些客户不可能需要一位理解轮胎专业知识的律师，作为世界500强企业肯定更愿意聘请知名度高的资深律师或者合伙人解决各种法律问题——经过多年的观察和思考，现在我对此有了完全不同的理解。

此外，对于细分领域和利基市场也要动态地理解——20年前，从事房地产的专业律师人数较少，因此可以被视为"细分领域"，而现在房地产则成为一个宽泛的执业领域，你可能还需要将房地产分为土地审批、建筑工程、融资抵押、房地产诉讼这些更为狭窄的专业领域。作为第四～五年的执业律师，你必须要花些时间认真研究并寻找一到两个"传统大行业"下的细分领域或者利基市场，然后在接下来的时间努力积累在这些领域的专业经验，为自己树立在这些领域内的个人品牌、"贴上合适的标签"——以生物医药行业作为主要执业领域或者细分领域太过宽泛，那你就可以选择成为专门代理制药或者生物技术领域诉讼案件的律师；并购领域太过宽泛，那你可以选择成为专门能源行业或者汽车行业并购业务的律师。

青年律师在选择细分领域和利基市场前，一定要先从现有专业经验及社交资源的角度审视自己，争取找到自己已经拥有了一定实际经验并储备了一定社交资源、有兴趣长期从事的一到两个细分领域将其作为接下来的"主攻方向"——不要"跟风"。大多数青年律师或许都想选择"高大上"的金融银行领域作为"主攻方向"，那你就可以从为相对小众的"虫害治理"企业提供法律服务入手；有些青年律师可能会选择从交通运输领域入手，那你就可以从"生物制剂长途运输"的运输合同入手积累相关专业经验。

在细分领域和利基市场的选择上，许多"年轻"的律师事务所也和青年律师一样面临着相似的难题。我在这些"年轻"律师事务所进行市场营销和业务拓展能力的培训时，常常需要回答一些比较犀利的问题，例如"这家律师事务所到底有没有可能成为一家比世达律师事务所①还要出色的顶级律师事务所？"或者"我想做成一家比世达还要出色的顶级律师事务所，我该怎么努力？"……

坦白讲，在公司业务领域，我不认为会有一家律师事务所能在可以预见的时间内完全超越世达律师事务所——在重大并购交易的外聘律师投标会上，一家"年轻"的律师事务所可能难以证明自己的并购交易团队具有比世达律师事务所更为丰富的经验，在不做较低报价的前提下，"年轻"的律师事务所基本无法正面与世达律师事务所抗衡。不过，这并不代表"年轻"律师事务所或者小律师团队无法在某些细分领域或者利基市场上超越世达律师事

---

① 世达律师事务所（Skadden, Arps, Slate, Meagher & Flom LLP）——来自纽约的国际律师事务所，全球年收入最高的律师事务所之一，拥有 1700 位律师；自 2001 年起，连续 16 年雄踞美国顶级公司法律事务所榜首，被《福布斯》称为"华尔街顶级律师事务所"；2015 年，世达成为历史上首家一年之内参与并购交易总金额超过 1 兆亿美元的"超级律师事务所"。

务所。

就像在市场工作方面，我的实际经验及专业能力或许不及某些世界500强的市场总监，不过在为律师事务所提供市场营销建议或者业务拓展培训方面，凭借以往的工作经验，与普通的市场专家相比，我对法律行业的现实情况更熟悉、对法律行业的"痛点"更了解。因此，在为律师事务所提供市场营销建议或者业务拓展培训这一细分领域上，我相信自己能超越绝大多数世界500强的市场总监。与此类似，在重大并购交易方面，世达的经验恐怕无人能及；而如果潜在客户的需求集中在船舶融资或者体育诉讼领域，世达律师事务所的经验和专业能力或许未必能超越许多专注于这些领域的"年轻"律师事务所或者小律师团队。从市场营销角度来说，专注于这些领域的"年轻"律师事务所或者小律师团队在这一领域的"市场占有率"可能远远高于世达律师事务所或者其他顶级律师事务所。

在寻找细分领域或者利基市场时，有些青年律师可能会在评估了现有专业经验及社交资源之后，发现自己"一无所长"——经过4～5年的"野蛮生长"，自己在不同执业领域的积累十分平均。那你可以尝试将某些宽泛的执业领域按地域、潜在客户的公司类型或公司规模进行划分。寻找自己的"主攻方向"不仅需要数年的积累，也需要时间和耐心，不可能拍拍脑袋"分分钟搞定"。因此，从执业的第四年开始，你就要主动开始在"主攻方向"上积累自己的专业经验，并依据现有专业经验的情况重点关注一到两个细分领域或者利基市场的新闻资讯和发展趋势。

作为市场顾问，我经常会为以某些细分领域或者利基市场作为"主攻方向"的律师团队及年轻律师事务所制定市场营销和业务拓展的策略，这些团队对宽泛执业领域以及潜在客户的分类方法和标准或许可以作为许多青年律师寻找"主攻方向"的参考坐标：

■ 芝加哥地区的从价不动产税（*ad valorem*）案件

■ 阿拉巴马州从事虫害控制的本地企业

■ 科罗拉多州内发生的烧烤丙烷罐爆炸案件

■ 芝加哥地区的童子军性虐待及人身伤害案件

■ 佛罗里达州境内的桥梁建筑工程公司

■ 美式橄榄球东南联盟（*SEC*）的运动员及教练

■ 南佛罗里达州涉及少数族裔的人身伤害案件

■ 芝加哥地区"警察电击枪案"的诉讼业务

■ 加拿大境内涉及伊朗移民的离婚案件

■ 温哥华地区的遗产诉讼案件

■ 加纳多家律师事务所——为其在美国寻找转介案源

■ 全球范围内适用美国法律的飞机融资租赁业务

- 生物医药行业的游说及知识产权业务
- 生物医药行业的软件许可协议
- 多代家族企业
- 在伊朗存在实质业务的美国公司
- 北加州地区的农业企业
- 人身伤害上诉案件
- 不列颠哥伦比亚北部地区卡车司机酒后驾驶诉讼案件
- 纽约州北部林业及伐木业企业的合规事宜

☐ **在你确定自己的细分领域或利基市场、为自己"贴上合适的标签"之前，请务必仔细思考以下这些问题：**

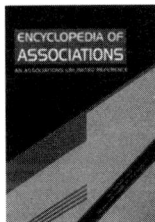

- 你有没有家族企业？家族企业从事什么行业？
- 你的大学本科就读什么专业或者第二专业？
- 你有没有什么兴趣爱好或特殊技能可能会吸引潜在客户？
- 你有没有从事过法律行业以外的工作？或者就读法学院之前你从事什么工作？
- 你、你的父母、丈夫/妻子从事什么行业？或者在什么行业和地区拥有较强的人际关系网？

■ 你是否了解一些其他律师不甚了解，同时又能为某些行业的客户创造价值的"秘辛"？

■ 整理、分析自己的"朋友圈"——有没有多位朋友或者家人都在从事一个相同的细分领域或处于同一个利基市场？

❑ **此外，为进一步了解并确定你想进入的细分领域和利基市场，你也可以到公立图书馆利用印刷版的《协会百科全书》（*Encyclopedia of Associations*）①打开突破口：**

■ 针对你初步选择的细分领域和利基市场快速浏览完整的协会名单，圈定这一领域内较为活跃的一到两家行业协会或专业组织。

■ 重点关注在你执业的地区设有地方分会、规模在500～1000人的行业协会或专业组织。

■ 通过你圈定的行业协会或专业组织的官网或社交媒体了解更多有关协会的信息，包括主要成员名单，也可

---

① 《协会百科全书》（*Encyclopedia of Associations*），由 Gale Publishing 于1954年首次出版，每年更新一次，完整收录了2.4万家美国及跨国社会组织的详细信息，包括这些组织的名称、地址、电话、主要会员名单；成立时间、成立目的、协会宗旨、主要活动及会费标准；组织的重大活动、举办或参与的国际会议等。如无法获取印刷版百科全书，可以通过 Gale Publishing 官网付费获取"迷你电子版"，http://www.cengage.com/search/productOverview.do；jsessionid＝1D92EBAAE00AE4927681AD2BCAAC0C65？N＝197＋4294904996&Ntk＝P_EPI&Ntt＝146224301698375635121845539141424273208&Ntx＝mode%2Bmatchallpartial

以通过电话或者邮件与协会取得联系，索取会员手册。

■ 如果某家行业协会的主要成员名单上有多位重要潜在客户或者拥有外聘律师决定权的法务负责人，你也可以考虑缴纳会费，成为这家协会的正式会员。

■ 如果你调查后发现自己圈定的行业协会或专业组织现在的会员构成以基层或者中层公司法务为主也不必担心——你正好可以在大家都还处于"菜鸟"的阶段与这些公司法务建立联系、加深了解并共同成长，当这些人逐步成为拥有外聘律师决定权的法务负责人时，你可能也正好成长为可以独当一面的初级合伙人，业务拓展的难度可能会大大降低。

■ 如果你对自己圈定的行业协会或专业组织的活跃程度或者在行业内有没有真实号召力存疑，可以联系一到两位你认识的协会会员或者通过在相关行业内工作的朋友深入了解相关情况。

一旦圈定了行业协会或专业组织，你就要以成为该协会当中的"常客"作为自己的主要目标：你要成为一位经常会出现在协会各项活动当中的、十分友好、积极又乐于向其他会员提供专业建议的"给予者"。做好心理准备，先花上一两年时间了解你圈定的行业协会以及主要会员，并通过该协会了解你确定的细分领域或者利基市场的法律需求和发展趋势。

■ 积极出席该协会的主要活动；假设该协会每月组织一

次例会，在加入协会的第一年12次会议当中，你要争取出席8次以上——频繁参与协会的活动不仅能有效帮你迅速达到成为"常客"的目标，也会督促你积极与协会的主要会员建立联系，拓展自己的人际关系网。

■ 积极在该协会内建立并拓展自己的人际关系网，以在加入协会的第一年争取与每一位主要会员建立联系并进行至少一次沟通作为初步目标。

■ 在与这些协会成员沟通的过程中，要将对方放在"聚光灯"下：

  ■ 牢记沟通技巧的基本法则——"二八法则"：在一场对话当中，80%以上的时间要让对方发表自己的观点、阐述自己的需求；你可以利用自己的20%的时间针对对方的观点、需求或者业务提出一些有实质内容的问题。此外，在对方表述的过程中，你还要迅速理解、记忆对方表述的内容，并利用积极聆听技巧作出适当的回应，鼓励对方更充分地阐述自己了解的信息——总之，在双方的沟通中，作为律师你要时刻提醒自己不要与对方争夺"话语权"或者对这场对话的"绝对控制权"——少说多听！

  ■ 在80%的"对方时间"当中，不仅要关注对方的语言表述，还要观察对方的肢体语言及表情，以控制双方沟通的节奏；如果对方出现了皱眉的表情，那他可能对你表述的内容产生了困惑或者质疑，你要寻找合适的机会让对方通过提问或者其他方法解决自己的困惑；或者如果对方在某个话题上有些欲言又止，那可能他有十分重要的信息想要与你分享，你要抓住机会通过提问或者其他引导方式鼓励对方充分表达，不要直接转移话题。

■ 在关注对方语言表述的过程中，不仅要集中精力理解、记住对方的言明之意，还要及时判断对方有没有"弦外之音"，有时还要关注双方对话的过程中有没有你认为对方本该提及却并未提及的话题和内容，迅速分析对方在对话中不涉及这些你认为是重要内容的原因——如果你认为对方"故意为之"的可能性较大，就不要再过分追问相关信息；如果你认为对方可能对某些法律问题存在理解错误或者理解偏差，并因此忽视了一些十分重要的信息，就要及时利用积极聆听技巧作出适当的回应，鼓励对方更充分地阐述那些真正重要的事实。

■ 研究表明，在与他人交谈的过程中，你让对方表达的内容越多，对方反倒会认为你越聪明，也就会对你的第一印象越好。

■ 如有机会，你可以加入该协会的管理委员会，但要按时、专业地完成协会分配的各项工作：

　　■ 协会当中不了解法律行业的人可能会通过你作为志愿者的工作表现评价你的法律专业能力和专业素质——你作为律师能不能在截止日期之前完成分配的工作或者能不能信守承诺，为协会提供支持和服务。

■ 不要试图"推销"你的法律服务或者过早挖掘协会会员的潜在法律服务需求，否则你可能会被贴上"推销员"的标签——一旦大家视你为烦人的"推销员"，不仅会失去作为专业服务提供者的权威，协会的其他会员也会主动回避与你深入交谈，或者在与你对话时提高自己的戒备心。

■ 尝试多花些时间回答"为什么对方要聘请你作外聘律师"以及"聘请你担任外聘律师会有什么好处？"这些问题，不要一味钻研"究竟怎么把自己的法律服务推销出去"。

关于律师利用自己找到的行业协会或专业组织"事半功倍"地完成市场营销和业务拓展的实际操作，先以我过去的一位同事为例：

他一直都在一家规模不小的"普通"律师事务所工作，在并购交易团队当中，他参与了多次医疗行业的并购及交易；在进入法律行业之前，他在 IBM 担任过多年系统工程师。因此，凭借过去的工作经历，他经常为信息技术领域的知识产权事宜提供法律建议。在执业第四年为自己选择细分领域及利基市场时，他将这两个外人认为毫无联系的执业领域进行结合，将专门为"医疗企业涉及的软件许可协议"作为自己的"主攻方向"。在确定了这一方向之后，他圈定了一个行业协会切入——"美国医疗企业信息管理高管协会"，这个协会当时的会员包括 200 多位美国主要医院、社区医院、私立医院的信息技术负责人，基本上与他的潜在客户群体完全重合。因此，他迅速申请成为该协会的会员——整个协会当中独一无二的律师会员。

在此之后，他在针对自己"主攻方向"进行市场营销和业务拓展上稳扎稳打——一直围绕着协会当中这 200 多位会员进行：积极参与协会的各项活动，迅速认识了大多数主要会员并定期一一拜访；为这些会员撰写与其工作内容密切相关的专业文章；为这些会员提供"医疗行业软件许可协议常见法律风险"的主题演讲。

律师将"社交联系人"转变为潜在客户通常需要 7～20 次沟通，有时仅仅去创造或者寻找这些机会就会耗费大把时间——撰写一些极有深度的专业文章并使"社交联系人"能在繁忙的工作之余恰好读到这篇文章、在社交媒体上与这些重要的"社交联系人"频繁互动以便在第一时间发现其可能出现的法律服务需求、"拐弯抹角"寻找一些自己与"社交联系人"的共同好友以加深信任关系——这些工作大多数都会沦为"无用功"。不过对他来说，积极参与 7～20 次协会活动就能创造 7～20 次机会与这些潜在客户/协会会员加深了解；想要强调专业能力、树立个人品牌，就定期在协会的期刊上发表一篇近期相关案例的分析文章。如果一定要讨论在法律行业进行市场营销和业务拓展到底有没有捷径，我认为他的经历可以让青年律师参考和学习。

再以我自己为例：

我从诉讼律师"转行"进入法律市场营销行业时，这一行业的主要专业组织"法律市场营销协会"（Legal Marketing Association）大约有 300 位会员。作为协会当中为数不多的执业律师/会员以及一家大型律师事务所的市场总监，我逐渐发现我作为诉讼律师的工作经历以及专业能力也许能为协会其他成员提供力所能及的帮助。在此之后，我开始积极地为协会的不同地方分会撰写专业文章，有时还到地方分会进行主题演讲。这些文章以及演讲广受好评，我也开始收到越来越多的来自不同地方分会的演讲和约稿邀请。与此同时，我发现自己也十分享受这种工作带来的乐趣。

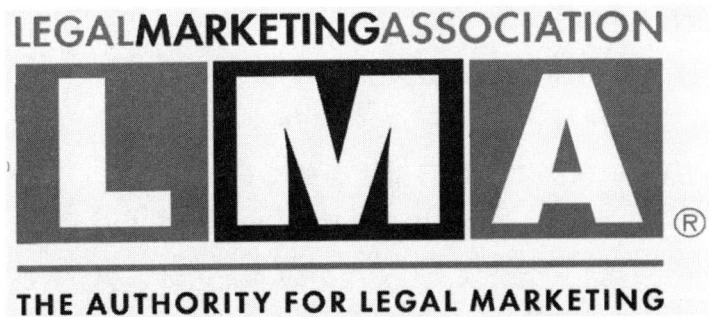

通过两三年不断进行演讲并撰写文章，法律市场营销协会当中比较活跃的会员我基本上都十分熟悉了。事实上，我不仅认识了这些会员，由于我的持续贡献，这些"社交联系人"也将我视为法律市场营销行业当中一位可以信任又乐于提供帮助的协会成员。我也在这段时间当中自然而然地将自己的社交活动都指向了一个较为固定的群体——法律市场营销协会当中这300位专门从事法律市场营销的"内行人"。

在此后的一段时间里，我继续坚持不断演讲、写作，不断通过法律市场营销协会拓展自己的人际关系网、巩固自己的个人品牌。不久，我接到了出任协会副主席的邀请。在接任副主席之后，我在协会内的知名度和曝光率"节节攀升"。在不断进行演讲并撰写文章的过程中，我其实并未想过或者期待有一天能成为协会的副主席；在成为副主席的过程中，我好像也从未遇到过什么难以想象的困难和挑战。其实坚持进行写作和演讲每一位执业律师都能完成，并不存在特别之处。

8 年之后，当我正式离开律师事务所进入法律市场咨询行业时，法律市场营销协会的会员人数超过了 3500位——这些会员都可以成为我的潜在客户，我认识这其中绝大多数主要会员以及有影响力的"元老级"会员，那些不太熟悉我的年轻会员可能也都在定期阅读我的文章或者参与过我的讲座和培训。换言之，通过多年的积累和努力，我不仅拥有了一个包括上千位潜在客户的人际关系网，而且这些潜在客户十分了解、信任我的专业能力，对我本人以及我的个人品牌也有十分积极的初步评价。

"无心插柳柳成荫"——我搭建这张"捕获"了上千位潜在客户的人际关系网基本上未费吹灰之力——因此，如果能划定一个明确的"主攻方向"、制定一个初步的"作战计划"，然后坚持不懈地完成日常执行工作，我相信任何青年律师都有能力在自己圈定的细分领域或利基市场上"收网捕鱼"。

利基市场及细分领域市场营销清单

你可能正在试图寻找并确定一到两个利基市场或者细分领域深耕细作，开展积极的市场营销活动，为自己树立一个成功的、重点十分突出的行业口碑和个人品牌，以成为某些细分领域的行业领导者。

我们之前谈了不少关于通过"拿下"利基市场和细分领域的方式进行市场营销和业务拓展的好处，不过你可能依然有些"无从下手"？

"好的开始是成功的一半"——这份清单将帮助你加速寻找并确定自己的主要执业领域。

为寻找并确定目标利基市场或者细分领域，你需要确定一个你有经验、有社会资源的"大行业"；针对这个"大行业"进行市场细分；寻找一到两个行业协会或者这个行业从业者的主要"社交圈"；确定你想要"攻占"的城市或者地域范围；明确你的行业兴趣与专长。

你需要仔细评估自身状况：你在哪些细分领域上拥有"入门级别"的专业经验？你在哪些利基市场上不会面临过于白热化的竞争？并回答以下问题：

❑ 你准备将哪个利基市场或者细分领域作为自己的主攻目标？

❑ 简单描述你在目标利基市场或者细分领域上的专业经验，将这些专业经验作为未来市场营销和业务拓展的"建筑材料"。

❑ 针对你想要专攻的利基市场或者细分领域，列举一家现有客户或者一项现有社会资源作为市场营销和业务拓展的"抓手"。

❑ 检索并列举目标利基市场或者细分领域当中影响力较大的一到两家行业协会或者其他组织。

❑ 列举目标利基市场或者细分领域当中你将面对的主要竞争对手。

❑ 面对这些竞争对手，你如何才能脱颖而出？

第四～五年执业律师的市场工作清单

❑ **为自己找到一位合适的"市场工作教练"。**

■ 一位比较年轻的"造雨型"合伙人，他/她能对你的未来"投资"，能挖掘你的专业潜力和社会资源，能投入宝贵的时间辅导你找到合适的细分领域和利基市场，能在你出现实际困难时及时提出专业建议并对你的工作予以支持。

■ 一位直接与你分享资源或者直接下场为你作战的"教练"其实并不合适：每一位"造雨型"合伙人的时间都"捉襟见肘"，对你进行手把手的指导或者直接与你分享资源并非长久之计，也不利于你真正提高"造雨"的能力。

■ 寻找一位合适的"教练"可能并不容易，不过一旦能找到，就有机会"站在巨人的肩膀上"，事半功倍。

❑ **了解你的现有客户、潜在客户以及"主攻方向"涉及的行业。**

■ 每周浏览行业协会官网或者行业内的权威期刊、有影响力的微信公众号等发布的专业文章和行业新闻。

■ 关注现有客户、潜在客户及"主攻方向"上"行业领导者"的社交媒体动态。

■ 每周通过线上搜索客户公司官网，特别关注"新闻中心"栏目，了解现有客户、潜在客户所在公司及"主攻方向"上行业出现的新热点和新趋势，挖掘潜在的法律服务需求。

❑ 建立自己的"案例数据清单"，及时将近期你参与的公司交易或者你代理的诉讼案件列入清单，花上三五分钟针对每起交易/案件写两三句"摘要"，内容至少包括客户全称、客户简介、案件/交易性质、涉及金额，以及这起交易/案件对相关客户核心业务的重要性。

❑ 积极与律师事务所内的市场团队沟通，将你参与的重大交易或重要案件的情况告知市场团队，以便其第一时间联系相关媒体进行采访、在律师事务所的微信公众号或者领英账号发布相关资讯并及时更新律师事务所官网上的信息。

❑ 至少每周发送一条与你的"主攻方向"有关的朋友圈和微博。

❑ 针对"主攻方向"上出现的新趋势、新判例，每年至少撰写一篇有一定深度的专业文章，可以发表在传统的权威法律期刊上，也可以发布在有影响力的法律新媒体以及行业相关的微信公众号上。

■ 作为贯穿律师执业生涯的市场工作之一，请从执业第四年开始坚持每年至少撰写一篇与主攻方向有关的"大文章"。

■ 邀请现有客户或者重要潜在客户作为共同作者，一起完成这些专业文章将会让你的文章"与众不同"。

  ■ 首先，你要做好准备：这篇文章90%以上的工作还要由你完成。

  ■ 作为律师市场营销的基础手段之一，在文章发表时，你可以建议编辑放上你和合作作者的"迷你简历"及照片，帮助你在行业内树立个人品牌。

  ■ 文章正式发表或者发布之后，你可以将文章打印或者装裱，在下次与合作作者会面之后，将这份小礼物放在他/她的办公桌上——自此之后，你每天都会"出现"在这位合作作者以及这家公司的法务团队面前，十分有利于你树立个人品牌并巩固现有客户关系。

❑ 关于撰写专业文章，你还可以选择与重要潜在客户或者联系人合作，联系重要潜在客户或者联系人针对行业内的某一新趋势进行采访，并以此作为双方初次见面或者深入沟通的良好契机。

我想要写一篇关于××主题的文章，十分需要这方面的行业专家对这个话题作出一些评述。如果您时间方便，下周我能不能对您进行一次小访谈？

■ 这可以作为你与身处高层的潜在客户或者重要联系人初步建立联系的方式之一；当然，你基本不可能通过一次访谈或者会面就将重要联系人逐渐转变为潜在客户，或者将潜在客户直接发展为现有客户——在实际会面的过程中，务必要将双方沟通的重点放在文章本身或者行业发展趋势这些专业话题上，不要急功近利地"推销"你的团队或者你的法律服务，不然你不仅不可能达成业务拓展的目的，还有可能会就此失去这位潜在客户或者重要联系人的信任。

■ 作为专业服务提供者，律师无法绕开"七次法则"——至少要与潜在客户进行 7 ~ 20 次沟通充分建立信任关系，才有可能将其发展为现有客户，引入新业务——这将是一场马拉松，不存在一劳永逸的"捷径"，必须做好充分准备。

❑ 如果繁重的计时工作让你无法找到大块的时间完成"大文章"的写作，也可以利用差旅、等位这些碎片化的时间将近期工作中观察到的行业新趋势、潜在风险以及可以采取的应对措施通过语音的方式留存，在合适的时间整理成 300 ~ 500 字的小文章，发布在

LinkedIn、自己团队或者律师事务所的微信公众号、微信朋友圈、微博等社交媒体，达到针对自己的"主攻方向"开展市场营销和业务拓展的目的。

■ 如果你连将自己的语音转换为书面文字的时间都找不出来，也可以外聘专业的法律市场专家或者联系律师事务所内的市场团队，以"代笔"的方式将录音转换为专业的书面文字。

■ "代笔"并非"作弊"，作为法律市场专家或者市场团队，能提供的帮助可能仅仅包括帮你完善文字上的起承转合或者加入一些科普性专业知识和近期热点新闻作为文章的背景，文章的实质内容仍由你完成；在市场团队完成文章之后，你还要认真审阅、修改整篇文章，然后再进行线上和线下发布。

■ 通常情况下，3～5分钟的录音可以"生产"1～2篇"小文章"。

☐ **争取每年在主要法律研讨会或者大型行业论坛上进行至少一次主题演讲。**

■ 在开始演讲准备工作之前，可以与活动的主办方以及律师事务所内的市场团队一起讨论、确定演讲主题——演讲主题一定要围绕你的细分领域或者利基市场进行。

■ 进行主题演讲的初级目标：完成一场"言之有物"、令人称赞的发言；作为主要法律研讨会或者大型行业论坛的演讲者之一，对演讲本身，你要将"提高整场活动的发言水平"作为主要目标，争取让你本人以及你的演讲内容成为活动与会者不断谈论的焦点和主题。

■ 进行主题演讲的终极目标：让台下的观众在一周、一个月之后还对你记忆颇深——凭借这种良好的"记忆"，台下的潜在客户以及重要联系人会迅速对你产生信任，并希望能在活动结束后与你进一步沟通。

■ 如果你十分享受公开演讲，可以通过一场又一场的演讲在行业内树立自己"十分擅长公开演讲"的口碑。

■ 据我观察，绝大多数有着四到五年执业经验的专业律师都能完成一场"言之有物"的演讲，不过可能由于演讲内容本身逻辑性较强或者涉及案例较为复杂，大多数青年律师的演讲会比较枯燥。因此，如果你能通过锻炼公开演讲技巧成为一位能"寓教于乐"的演讲律师，将会十分有助于你通过演讲完成市场营销和业务拓展工作，并迅速树立个人品牌。

■ 大多数青年律师都不可能从一开始就直接成为主要法律研讨会或者大型行业论坛上的"人气演讲者"。因此，如果你花费大把时间精心准备的演讲内容的现场效果远不及你的想象和预期，也不必太过焦虑——如果你确实享受这个过程，就一定要不断坚持尝试，在实际演讲的过程中

不断提高演讲技巧——公开演讲的技巧完全可
以通过反复练习迅速提高，并不存在"天赋异
禀"的要求。

- 如果现场反馈十分理想，那下一次的主要法律
  研讨会或者大型行业论坛举办时，主办方极有
  可能还会邀请你作主旨发言——经过两三年的
  积累，你在"主攻方向"上的个人品牌以及
  "专业演讲者"的口碑就会被不断强化。

❑ **在进行主题演讲时，你可以将自己的演讲录制为音频，然后使用讯飞听见①这类语音识别软件将声音转为文字：**

- 在将演讲内容转为文字之后，你可以对这些内容进行
  "二次利用"。

---

① 讯飞听见，科大讯飞推出的以语音转文字为核心业务的转写服务平台，利用科大讯飞世界领先水平的智能语音及语言技术，可以提供便捷高效的机转服务和专业精准的人工转写服务，可以满足日常会议、媒体发布会、演讲培训等场景下音频转文字的需求。

- 将演讲内容转化为书面化的文字表达，依据不同主题，你可以利用这些演讲内容一次"生产"多篇文章，其中内容浅显、篇幅较小的"科普"小文可以发布于法律新媒体甚至普通财经媒体，这类文章的受众较为宽泛，不过读者直接转化为潜在客户的可能性较低；专业性较强、篇幅较长的文章，可以发表于权威的法律期刊或者行业关注的微信公众号，这些文章的受众可能相对较少，不过每一位读者都有可能成为你的潜在客户，为你引入实际的业务。

- 利用演讲内容"生产"的文字也可以发布在你自己的 LinkedIn、律师事务所的微信公众号或者自己的微博上，作为社交媒体的动态，进一步固化你和"主攻方向"之间的联系。

- 如有市场预算，你也可以考虑外聘专业的市场团队或者"代笔"来完成"二次生产"的工作：

"我上周在论坛上做了一场主题发言，我把当时发言的内容转成了文字，一共 10000 字；请将这些内容归纳整理，我想要有一百条微博、十篇适合发布于法律新媒体的小文章、一篇 5000 字 + 三篇 1000 字 + 五篇 500 字的专业文章……"

❑ **将公开演讲的内容录制为视频，然后通过合理的剪辑**

进行"二次加工",也可以"生产"一系列针对你的"主攻方向"进行市场营销和业务拓展的短视频:

■ 将公开演讲录制为视频并不一定要准备专业的拍摄和剪辑设备,你的智能手机就可以完成。

■ 利用视频剪辑 App,你可以将一整段演讲视频剪辑成多段 2~3 分钟的小视频;然后,你要为这些小视频写上标题和内容摘要,例如:在这段小视频中,法律市场专家罗斯·费什曼将教会你将一段公开演讲转为可以完成一整年市场营销和业务拓展工作的专业文章和短视频:这些专业文章有些可以发表于权威法律或者行业期刊,有些可以发布于法律新媒体、大众财经媒体或者律师事务所的微信公众号;小视频可以发布于律师事务所官网、微信公众号、领英或者其他视频平台。

小视频内容摘要模板

在这段小视频中,你将看到【细分领域或者利基市场】的法律专家＿＿＿＿＿＿＿就这一领域近期出现的【热点话题】进行简要分析。

■ 在律师事务所官网、领英上以每两周一次的更新速度发布这些小视频;将小视频上传至视频平台上的"我的自频道",并通过自己的微信朋友圈以及微博转发。

■ 善于使用视频平台的"标签"功能：通过一些专业术语或者关键词标记你的小视频，以方便大家通过搜索引擎或者视频平台搜索你的小视频。

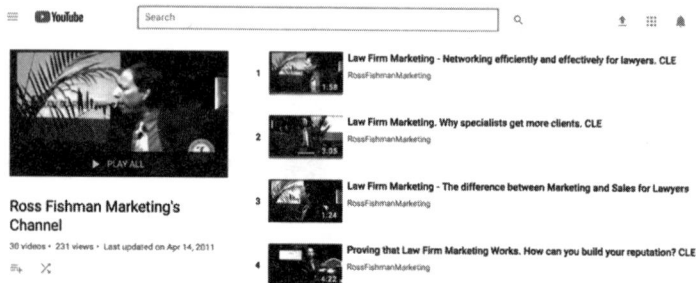

■ 如果你认为某次公开演讲的现场表现并不理想或者出于各种原因未能在现场录制视频，也可以直接将在这场演讲当中使用的 PPT 配上简单的"画外音"制作成小视频，上传至视频平台上你的"自频道"。

❑ 如果你一直找不到合适的机会在主要法律研讨会或者大型行业论坛上发表正式演讲，也可以定期利用碎片化的时间、针对细分领域或者利基市场的近期热点话题，录制 2 ~ 3 分钟的小视频，帮助自己迅速树立个人品牌。

❑ 不断学习新的公开演讲技巧，不断提高自己的公开演讲技巧：

■ 练习，练习，再练习！作为青年律师，如果能掌握出色的公开演讲技巧，将会让你的市场营销和业务拓展工作"如虎添翼"。

■ 在工作"淡季"时，将你练习演讲的过程录制为视频，然后利用这些练习视频进行"复盘"，帮助自己克服一些公开演讲当中的常见错误，例如演讲内容过于宽泛、无法做到与观众互动、演讲时间过长、缺乏有效的视觉辅助或者缺乏案例分析等；虽然许多律师认为"复盘"十分尴尬和痛苦，但自己作观众会更容易发现自己的错误，对于迅速提高自己公开演讲的技巧十分有效。

■ 与共同撰写文章类似，你也可以邀请现有客户共同演讲，这不仅能突出你在细分领域或者利基市场上的"领导"地位，树立在行业当中的个人品牌，也可以大大巩固你与共同演讲者之间的信任关系——不过也要做好准备：90% 以上的演讲工作、与主办方之间的沟通工作可能都要由你完成。

❑ **与律师事务所内的市场团队或者外聘的法律市场专家密切合作。**

❑ **学会充分利用"竞争性情报"进行市场营销和业务拓展。**

■ 竞争性情报（competitive intelligence）——搜集并分析与现有客户、竞争对手以及与市场环境有关的可能对公司高层制定战略决策发挥重要作用的重要信息。

- 对律师事务所或者青年律师来说，竞争性情报包括针对自身的 SWOT 分析①以及关于现有以及潜在客户、存在相互竞争关系的律师团队或者律师事务所、法律行业或者某些主攻方向的重要信息，这些信息在经过分析和管理之后会对律师事务所或者律师制定自己的发展策略、圈定自己的核心执业领域发挥重要作用。

■ 站在青年律师的角度，在对外搜集竞争性情报之前，先对自己进行一次 SWOT 分析，了解自己现有的优势和劣势以及面临的机会和威胁；通过 SWOT 分析法产生的结论不仅能帮助你在下一次参与重要客户的投标时，更为清晰地阐述自己与竞争对手的区别以及自己独一无二的优势，也可以为选择细分领域与利基市场以及划定竞争对手时提供重要的参考。

■ 青年律师在搜集竞争性情报时可以利用：

- 从竞争对手的团队新"挖来"的律师或者被竞

---

① "SWOT 分析法"，是公司或者组织在进行战略决策过程中较为常用的分析方法之一，又被称为"态势分析法"，全称 *Strengths Weaknesses Opportunities Threats*，在分析过程中要将与研究对象密切相关的各种主要优势、劣势、机会、威胁——列出，并以矩阵排列，然后利用系统分析将各种因素相互匹配，总结发现一系列结论，这些结论通常有一定的决策性。

争对手"挖走"的律师：这些律师在转换工作
的过程中往往会对你的团队、律师事务所下一
阶段的发展方向、某些执业领域的市场潜力有
更为清晰的了解；你可以主动与这些律师深入
沟通，了解有关你的"主攻方向"的竞争性
情报。

■ 新闻：关注竞争律师团队、律师事务所、现有
客户以及潜在客户的官网动态；这些重点关注
对象近期有没有参与/卷入某些热门案件？有没
有在新的地区或者国家开设新办公室或者进行
新的投资？

■ 权威法律期刊、法律新媒体以及重要的市场
活动：对于许多律师事务所和合伙人来说，
了解潜在客户在聘请谁作为外聘律师以及主
要竞争对手的现有客户都有谁至关重要；不
过想要了解这些"敏感信息"并不容易，因
此要充分利用竞争对手和潜在客户的市场活
动：你的主要竞争对手近期有没有和某些公
司的法务团队合作发表文章或者共同在某场
活动上发表主旨演讲？有没有共同赞助某场
重要的行业活动？——你或许可以通过一些
"蛛丝马迹"了解到一些十分重要的"敏感

信息"。

- 宏观的市场信息：通过自己的人际关系网甚至专业的"猎头"了解你的竞争对手近期的业务情况——在某些地区或者执业领域有没有出现多位合伙人离开的情况？有没有某些明星合伙人调任新办公室的情况？有没有作出对某些执业领域的业务进行收缩或者扩张的决策？

试举一例说明这些竞争性情报的作用：2011年3月，由于经济危机引发的连锁反应，当时的世界100强律师事务所之一，美国顶级反垄断与知识产权律师事务所之一的豪瑞律师事务所（Howrey）合并谈判失败，依据合伙人会议的决议正式申请破产。从2010年起，由于收入远远低于预期，豪瑞律师事务所的许多合伙人就纷纷"出走"。如果你能通过"猎头"或者法律媒体了解这些"出走"的情况，就可以考虑马上与这些合伙人的现有客户联系，提前抢占可能出现的市场机会。

❑ **利用微信、微博以及领英等社交媒体，继续拓展人际关系网，添加通过市场活动结识的朋友、潜在客户、同行以及重要联系人。**

❑ **坚持每周至少进行一次"面对面"的市场活动。**

- 安排时间与现有客户、潜在客户、自己团队的其他律师、律师事务所内的市场团队负责人、重要联系人进行"面对面"的沟通。微信或者其他社交媒体或许可以帮助你及时与重要的联系人沟通，但不适合开展对专业话题的深入探讨。此外，在社交媒体发达的情况下，"面对面"的机会就更为珍贵，因此务必要找时间、找机会与这些重要联系人见面。

■ 积极出席主要法律研讨会或者大型行业论坛，在这些重要的市场活动上，你或许可以一次与多位行业内的重要联系人会面。

❑ **在时间充裕时，你可以主动协助律师事务所内的市场团队准备投标文件并参与评标会议，以深入了解投标工作，并通过撰写投标文章深入了解律师事务所面临的重要业务机会、主要竞争对手以及在核心执业领域上的优势及经验。**

❑ **积极组织自己所在行业协会或者专业组织到访律师事务所，以加深协会其他主要会员对你的了解，进一步将这些"社交关系人"转化为潜在客户或者"案源推介人"。**

❑ **主动协助法学院组织一场"毕业五周年聚会"。**

■ 通过这场聚会，你可以一次与上百位"案源推介人"重新建立联系：针对在公司担任法务的校友，你可以进行业务拓展；针对在其他律师事务所担任律师的校友，你可以搜集竞争性情报；针对那些不在法律行业工作的校友，你或许可以了解一些新的细分领域或者利基市场。

■ 积极参与此后的各类毕业聚会！

我的百日市场营销与业务拓展计划

一、现有客户

在接下来的 100 天当中，我将集中火力加强与以下三家现有客户的联系与沟通（列举三家现有客户，以及你将采用的沟通渠道及方式，比如实地拜访，正式会议或者社交会面等）：

1. _____

2. _____

3. _____

二、目标客户

在接下来的 100 天当中，我将尝试与以下三家目标客户/机构建立联系（列举三家尚未与你的律师事务所建立业务联系的目标客户或者有可能为你推介案源的三家机构，以及你将采用的联系方式，比如朋友介绍、行业会议或者冷邮件①）：

1. _____
2. _____
3. _____

三、正式会议

在接下来的 100 天当中，我计划组织或参与以下这些正式会议：

<u>与现有客户的会议</u>

1. _____
2. _____
3. _____

<u>与目标客户/重要机构的会议</u>

1. _____
2. _____
3. _____

---

① 冷邮件（cold email），泛指向完全不认识或者不熟识的人发送电子邮件，希望与对方建立联系的邮件。撰写一封有效率的冷邮件要有一定技巧，否则不仅有可能会被收件人直接忽略、石沉大海，甚至有可能会引起对方的反感，直接被列为"垃圾邮件"。

四、市场定位

在接下来的 100 天当中，我会围绕已经确定的"市场定位"开展以下业务拓展和市场营销活动，包括发表主题演讲和专业文章、参与研讨会及行业会议、进行邮件营销及其他被动营销活动①：

1. _____

2. _____

3. _____

五、投标及市场文件

在接下来的 100 天当中，我将有可能参与以下重要项目的投标工作，或者起草、更新并向现有客户/目标客户提交法律服务意见书及其他市场文件（列举重要项目、现有客户或者目标客户的名称以及提交文件的主要内容）：

1. _____

---

① 被动营销是指不以现代营销手段拓展客户，而是以传统的"闭门造车"的理念，吸引客户主动登门拜访。与主动营销相对立，采用被动营销的企业既不主动出击，也没有任何广告、媒体或者相关的营销经费；所有的人力、物力和财力都用于不断完善产品或者服务，提高产品和服务的质量，为客户创造真正的价值，为主动登门的客户提供更好的体验。在法律行业进行主动营销限制较多，主动出击与客户直接沟通的"投入产出"比也较低，就比较适合运用"被动营销"的方式，让目标客户主动上门。

2. _____

3. _____

六、其他

在接下来的 100 天当中，我还会开展以下市场营销和业务拓展活动（例如填写权威评级机构的年度申报资料等）：

1. _____

2. _____

七、时间规划

根据此计划，在接下来的 100 天当中，我计划每周投入____小时用于开展市场营销及业务拓展工作。

八、评估方式

在 100 天结束时，我将采用以下方式对此次百日市场营销与业务拓展计划的执行情况及实际效果进行评估（例如是否创造了业务机会、是否进入了新的利基市场、是否与新的重要机构建立了实际联系等）：

1. _____

2. _____

3. _____

日期：_____

第六年及六年以上的执业律师

基础目标：

❑ 证明自己为升任合伙人做好了充分准备。

❑ 与现有客户及潜在客户建立紧密联系，并为这些客户创造价值。

❑ 与重要联系人共同成长。

❑ 加强对外宣传。

与业务团队的负责人或者你的"市场工作教练"共同讨论并制定未来一整年的市场营销和业务拓展工作规划。继续坚持执业前五年进行的法律市场工作，并开始完成以下"任务"。

❑ 与在"四大"①、银行、私募股权、风险投资（PE/VC）、房地产、媒体行业工作的重要联系人会面，深入挖掘与这些重要联系人开展战略合作的机会，包括双方共同举办交叉领域的主题演讲或者论坛、对一些

---

① "四大"指全球最著名的四家会计师事务所——普华永道（PwC）、德勤（Deloitte）、毕马威（KPMG）、安永（EY）。

重要客户进行交叉销售以及相互推介案源。

■ 落实这些战略机会，制订可以实际操作的合作方案十分重要。

❑ 如果你的"主攻方向"不必"仰仗"其他律师进行案源推介，例如诉讼、上诉、人身伤害案件、专利、海事法等，就可以逐渐减少在律师协会的市场活动，多花些时间参与现有客户和潜在客户相对集中的行业协会或者专业组织的活动——从执业的第六年开始，站在市场营销和业务拓展的角度，你可以逐渐加强与现有及潜在客户或者重要联系人直接建立联系，而不必在竞争对手的"包围圈"当中浪费时间。

■ 当然，如果你的"主攻方向"中的主要案源必须依靠其他律师的推介，你就必须继续加强与其他执业领域或者其他地域的执业律师之间的联系。

❑ 争取加入你圈定的行业协会的领导层，积极参与行业协会的各项活动。

■ 如有预算，你可以考虑在行业协会的专业期刊上购买半页广告，如果：

  ■ 你会成为在这本期刊上出现的少数律师之一；
  ■ 你准备刊出的文案十分"出挑"——能引起读者的关注，能让协会会员主动转发。

如果认真观察你就会发现，律师事务所官网以及在权威法律期刊和大众媒体上刊登的广告有一些极为刻板的套路和模式：喜欢在律师事务所首页用摩天大楼、城市、法院、地图、整面墙的案例汇编、法槌、空荡的会议室作为背景图片，喜欢在广告当中插入两三位合伙人或者青年律师的照片，配上大段简历——现在绝大多数主要客户或者读者对这些成本不低、"陈词滥调"式的律师事务所官网和广告基本上完全"免疫"了。

❑ **学会利用微博、微信、知乎、领英等新技术、新"手段"提醒自己定期与重要联系人会面或者联系，拓展自己的人际关系网。**

■ 你在社交媒体上的"标签"必须清晰、突出——法律行业真的缺少普普通通的"万金油律师"了；在微博、微信、知乎、领英发布动态、转发文章或者进行评论时，请务必要选择一些与你的"主攻方向"密切相关的内容！

❑ **通过领英账号邀请重要联系人为你撰写推荐信（LinkedIn Recommendations）。**

■ 你也可以为熟悉的现有客户或者重要联系人撰写推荐信——花些时间为这些联系人写上一封三两句的推荐信，不仅能巩固双方的信任关系，你的个人信息也会出现在对方的主页上，从市场营销和业务拓展的角度，或许也能提高你在行业内的知名度。

推荐信   请求推荐

已收到 (39)   已发出 (37)

Joseph M. Fasi II
Gass Weber Mullins LLC
Joseph M.曾是Ross的客户 (2016 年
5 月 25 日)

Ross Fishman is the quintessential professional blessed with great skill, knowledge, insight, humor and common sense. His assistance has greatly enhanced my understanding and use of marketing for my practice. His is a true pro and knows his craft. His work for me and my firm has been outstanding. On top of all of this, he is a great guy. If you ever get a chance to hear him speak, do it!

Lisa A. Bertini
Shareholder, Bertini Law, P.C.
Lisa A.曾是Ross的客户 (2014 年 5
月 8 日)

Ross has the most charisma and energy of about anyone I ever met. To watch him at a seminar really motivates you to be the best you can be and blow your own horn! Lawyers are terrible sales people. Ross helps us help ourselves to reach our full potential. I highly recommend him to get you off your a--!!!

☐ 坚持每周与现有客户、潜在客户、战略合作方的协调人或者其他重要联系人进行两次"面对面"的沟通。

☐ 你可以寻找合适的机会主动向业务团队合伙人"申请"参与一些与你的"主攻方向"有关的投标工作以及主要客户的拜访工作。

☐ 坚持实地拜访客户：在不计费的前提下，选择合适的时间到现有客户的办公室、工地厂区实地走访。

  ■ 绝大多数"造雨型"合伙人都会将实地拜访客户作为"造雨"的"必杀技"。

  ■ 进行实地走访时，要做好各方面的"功课"。

    ■ 提前了解走访客户当前的主要业务或者有可能推进的新业务，提前想想在这些业务方向上你能为客户创造什么价值？比如能否为客户引荐潜在的合作企业或者上下游企业？或者能否为客户提供其他国家类似业务的发展情况或者直接为客户提示新业务可能存在的法律风险？

- 进行走访时要依据拜访场合准备好合适的"行头"——不要西装革履地出现在重要客户的工地厂区，通过充分的准备让对方了解你的诚意。

■ 在实地拜访的过程中，你可以根据提前准备的"功课"，通过有技巧地提问了解更多有价值的信息，例如这位客户马上就要开展的新项目有没有考虑外聘律师或者有没有提前进行法律风险分析。

■ 通过对现有客户的实地拜访，加深你对这些客户主要业务领域的了解。

■ 实地拜访的主要目的在于更深入地了解这些客户的实际情况，在深入了解的前提下更高效地为这些客户提供专业建议、创造价值——不要利用实地拜访直接销售你的法律服务！

律师的公关基础课：建议、提示、策略与忠告

现在，大多数律师及律师事务所的市场团队对于"良好的公关活动对律师打造个人品牌、树立业内口碑会起到积极作用"这一点都表示认可。许多律师事务所也的确为律师团队提供了一定的公关资源，例如在市场团队中配备公关专员，专门负责协助律师开展公关活动；或者直接聘请专业的公关公司，负责管理和执行律师团队的公关活动。

需要强调的是，对律师个人来说，拓展个人媒体资源才是提高自身媒体曝光率，并帮助你的律师团队和律师事务所提高媒体曝光率及知名度的"捷径"。如果有意愿将公关活动纳入自己的市场营销计划当中，那以下这些建议和提示或许能帮助你快速成为媒体乐于合作的律师之一。

在开始制定个人公关计划之前，要明确一点：对公关活动的控制力与对外发布内容的可信度之间在一定程度上存在反比关系——接受媒体采访或者在传统纸媒上发表评论之所以能帮助律师树立个人品牌，主要原因在于媒体刊登对律师的采访内容其实就是在以其自身的可信度为你进行背书。当然，媒体在引用你的评论或者刊登对你的采访内容时，也会优先考虑其自身的利益——这也是公关活动当中无可厚非也无法避免的风险。

如果想要完全控制对外传播的内容，比较显而易见的方式就是"打广告"，例如在法律行业的权威期刊上购买展示版面，直接向受众群体传递有关你本人、你的律师事务所的正面信息。"打广告"的缺点在于大家都会习惯性地认为"广告中的信息肯定存在夸张的成分，可信度普遍不高"。因此，在依靠可信度和权威性的法律行业，律师和律师事务所利用广告打造品牌、提升口碑有时可能会事倍功半、适得其反。

此外，经常与媒体打交道的律师可能或多或少都经历过这样的情况：自己在接受采访过程中发表的评论被记者曲解和误读，或者自己接受采访时表达的观点被记者当作"反面典型"予以驳斥和攻击，或者当你花了大把时间充分准备之后，记者采访你的内容完全没有出现在出刊的报道当中。要知道，凡事都有两面性——受到媒体的关注、与媒体打交道从来都不是一件"绝对的好事"。试想，如果记者一味地回避争议性话题，或者对采访对象一味地吹捧、奉承，作为受众，你有没有可能会认为这篇报道缺乏可信度，甚至将其归入"软文"的行列？

因此，如果你与媒体打交道的过程中，受到了误解或者收到了负面评价，请不要轻易放弃或者逃避。其实，大多数阅读期刊杂志的人并不会特别记住负面信息。当新的一期杂志正式发行之后，绝大多数人基本上就会完全忘记前一期的内容了。只要关于你的媒体报道在大方向上正面、积极，你就可以坚持自己的公关计划，持续不断地提高自己在媒体上的知名度，并迅速打造个人品牌、树立业内口碑。

关于与媒体打交道的小提示

在与媒体打交道的过程中，有些既适用于面对面采访也适用于书面采访的小技巧，可以帮助你顺利地完成采访，并与记者建立良好的合作关系。毋庸讳言的是，经常接受采访的青年律师都有能力通过自身的努力让记者的工作更为轻松——这也是记者乐于与这些律师持续合作的主要原因之一。因此，通过充分理解并满足记者的工作需要，你可以逐渐成为他们乐于合作的律师之一。

对媒体的态度

为达到"让媒体为你造势"的目的，你可能要先摒弃一些大家对媒体的常见误解：

- 媒体并不会"主动找上门来"。如果你一直抱持"等人上门"的心态，在公关活动或者媒体关系领域基本上就是自暴自弃了——如果想要提高媒体知名度，你就必须"主动进攻"！

- 与其让媒体通过你的竞争对手掌握撰写报道的必要信息，不如由你主动向媒体提供这些信息。记者想要撰写报道就势必要通过某一渠道搜集关于报道相关新闻事件或者重要案件的信息。因此，与媒体合作并建立长期合作关系的"捷径"之一就是让自己成为"信息提供者"。通过向媒体提供信息，你至少有机会从你的角度、依据你的思路去评论或者叙述热点新闻事件或者重要案件，并完整地表达你的想法。

- 绝大多数记者都具备极强的专业素养，在搜集素材、采访、撰写报道的过程中十分专业。被曲解或者被错误报道的情况通常都源于撰写报道的记者没能搜集到必要的信息，而记者没能搜集到必要信息的主要原因包括：准备报道的时间过于紧迫，一些重要的"信息渠道"拒绝向记者提供相关热点新闻事件或者重要案件的事实或者拒绝发表评论。

- 记者对你进行采访的过程本身就像一场普通的商业交易：交易双方都有自己想要达到的目标和想要把握的节奏。对律师和律师事务所来说，利用媒体进行品牌宣传的性价比极高。因此，在与记者打交道的过程中要牢记：并不是只有记者才能从采访中"获益"，也不是只有记者才能掌控采访节奏——你也可以主动改变或者调整采访内容，最终实现与记者和媒体之间的"双赢"。

- 在与媒体开展实质性沟通之前，你要先明确就记者将要报道的新闻事件或者重要案件接受采访的确于你有利。作为律师，你并没有接受媒体采访的"义务"。因此，在作出是否接受采访的决定时，你要考虑的就是你本人、你的团队、你的律师事务所能否通过此次采访获益，能否通过这篇报道加深或者巩固外界对你的好感和认可，或者能否通过这篇采访获得一次以你的思路陈述案件事实并表达观点的机会。

接到记者的电话或者邮件之后，你要怎么做？

①一定、务必要及时作出答复。尊重记者，及时回复他/她在电话或者邮件当中提出的问题至关重要。由于工作时效性的要求，记者为你预留的答复时间通常都比较短。正因如此，大多数记者的心中都会有一份"短名单"，牢牢记住那些能适应紧张节奏并按时作出回复的律师，并乐于优先与这些律师合作。

②在与记者打交道的过程中，你可以主动询问作出答复的"最后期限"，然后务必在这个时间之前对采访记者作出实质性答复。告诉你或者律师团队的秘书：如果接到记者或者媒体的电话，务必明确记者的"答复期限"；如果可以，仔细询问记者想要采访的主题，以便你提前搜集素材、整理思路。

除非你掌握了一些极为隐秘的线索或不为人知的信息，通常情况下，不论你能否在"最后期限"之前回复记者提出的问题、是否决定接受记者的采访，媒体都会按期发表一篇相关主题的文章。因此，你能否及时作出答复其实对于记者的工作影响不大，而如果错过了"答复期限"你就会错过一次提高知名度的良机——在热门新闻事件当中，你丧失了一次被作为专家引述、迅速提高权威性的机会；在重要案件陷于负面舆论的情况下，你丧失了一次扭转舆论导向的机会；在个人媒体关系方面，你丧失了一次与记者建立并巩固互信关系的机会，可能还会间接导致你失去了未来与这家媒体合作的机会。

③采访前的准备工作至关重要。其实媒体采访和模拟法庭并无二致，充分的事前准备将会帮助你"物尽其用"，更为高效地利用手中掌握的各种线索和材料。花些时间仔细思考"我为什么要接受这次采访"以及"这次采访能对我有什么好处"。在此基础之上，准备三个你想在采访过程中表述的主要观点。只有在做好充分准备的前提下，你才有可能从训练有素的专业记者手中接过采访的主导权，并控制采访节奏。

- 在充分的准备之后，你的下一个主要目标是让落在纸面上的报道能精准地体现你的观点和论述。为照顾读者的阅读习惯、提高报道的可读性，记者有时可能会对你表述的观点或者做出的评论进行润色或者延伸。为此，你可能要进行一些周密的"部署"，不为记者预留过多的"失误空间"。

此外，尽管在大多数情况下，记者向你发出采访邀请是因为从媒体专业的角度判断，针对即将报道的新闻事件或者重要案件你是接受采访、发表评论的合适人选，但如果你在采访过程中发现自己的执业领域或者知识结构并不适合接受此次采访或者由于律师身份无法回答记者的实质性问题、不适合参与针对相关话题的讨论，请务必及时礼貌地婉拒记者的邀请或者中止采访，以免发生难以处理的"公关危机"或者浪费双方的宝贵时间。

青年律师的"接受采访行为准则"

①基本准则：诚实。

②回答记者提问时，先说结论，再提供事实、案例、数据、奇闻轶事、亲身体会这些材料和线索。

③控制采访节奏。

"诱导"记者讨论一些你希望讨论的话题，并借此向读者传递你想要传递的观点和信息。将双方谈话从"记者问—你答"逐渐转变为你主动发起一个于你有利、与你的主要执业领域有关的话题并展开讨论。在"诱导"记者讨论这些话题时，你可以使用一些"引导词"，例如"通过讨论这些事例，其实我想说明的是……"

④不要猜测或者回避问题。

如果对记者提出的问题本身有疑义，你可以直接通过询问向记者确认问题的内容："所以你其实想问……"；如果记者的问题涉及一些你不了解的情况或者不确定的案例，你可以直截了当地回答："你谈到的这些案例/这起新闻事件的具体情况，我还不太了解。如果有必要，我可以在今天的采访结束之后稍作研究，再补充回答这些问题。"总之，不要"一拍脑袋"就回答记者提出的问题，也不要刻意回避问题。

⑤采访内容"个人化"。

通过在回答记者提问的过程中，对答案打上鲜明的"个人烙印"——比较简单直接的方法就是在表述自己观点的过程中，加入一些亲身经历的案例或者新闻事件。"个性化"不仅能有效加深读者在读完这篇报道之后对你的印象，也可以大大提升文章的可读性，缩小记者"自由发挥"的空间，并由此降低你的观点和评论被曲解或者误读的可能性。

⑥帮助记者迅速"识别"核心观点。

如果你希望记者在一篇重要报道的开篇就引用你的观点，那就直接帮他/她"划好重点"——在回答记者提问的过程中，加入一些"提示性词语"，例如，"我认为这类案件的决定性因素包括……"

⑦使用"日常语言"回答问题、表述观点，避免过多使用艰涩难懂的法律术语。

能否使用可读性较高、轻松有趣、易于理解的日常语言回答专业性较强的问题是检验一位律师是否具备良好的公关能力以及市场营销能力的重要标准之一。在接受大众媒体采访时，使用艰涩难懂的专业术语或者要通过长篇大论的解释才能说清楚的"专业大词"并不合适，不仅无法恰当地向目标客户和重要联系人展示你的专业性，还有可能会让一些读者认为你不易沟通，甚至妄自尊大。如果在回答问题的过程中必须要使用某些较为生涩的法律术语，那你就应该主动以"日常语言"对这些术语进行简短释义。

⑧将记者视为"普通读者"，推定他/她对此次采访涉及的专业问题一无所知——尽管在大多数情况下，记者都会提前做好功课。

虽然大多数记者的快速学习能力都非常强，但采访你可能是他/她第一次深入了解某些前沿法律问题，因此他/她可能非常需要你的帮助。如果记者的提问涉及专业性较强的法律问题，你应该进行耐心细致地讲解，确保记者理解了你阐述的内容，降低记者出现理解偏差的可能性。在采访结束后，你还可以主动告诉记者在撰稿过程中如有任何疑问，可以直接与你联系。

⑨注意遣词造句！

在采访过程中，为活跃气氛，你可能开过小玩笑或者讲过其他律师的趣闻，并认为结合你和记者沟通的语境以及你的语音语调，任何"理性自然人"都不会把这些玩笑当真，也不会把这些内容写进期刊杂志的报道当中——绝大多数记者的确具备极强的专业素养，也会在自己的能力范围内公正客观地对新闻事件或者重要案件进行报道，但要他/她抗拒"金句"的诱惑、不去引用某些有"爆点"的评论依然十分困难。因此，不要假设记者会自动忽略你的玩笑话，在采访过程中要时时留心遣词造句，不要乱开玩笑！否则当你的"一时戏言"成为"白纸黑字"出现在期刊杂志上时，你不仅会懊恼万分，还有可能会造成难以挽回的"公关危机"。

⑩不要用"无可奉告"回答记者提问。

如果你认可"公关活动能在树立个人品牌、提升业内口碑上助你一臂之力"，就应该认真"处理"记者的采访邀请：如果你接受了记者的采访邀请，就应该花些时间做好功课，并在采访过程中或者在"答复期限"之前认真回答记者提出的问题，提供"有内容"的答案；如果你认为采访的主题与你的主要执业领域不符，或者你不适合参与某些话题的讨论，可以第一时间向记者说明情况，比如"回答你的问题，可能会让我违反律师－客户保密义务"或者"这起案件正在审理过程中，我可能不方便在现阶段回答这些问题"，如果力所能及，你也可以向记者推荐合适的采访对象。

总之，面对不适合接受采访或者不适合回答某些问题的情况，不要生硬地甩出一句"无可奉告"——尤其是当记者采访的主题涉及热门新闻事件或者被广泛关注的重要案件时，记者极有可能会直接将你的"无可奉告"写入正式的报道当中，许多读者可能会认为你在逃避问题，或者直接将你的"不配合"解读为对不利事实或者负面信息的"承认"。

⑪不要在采访中说"我可以私下向你透露一些信息，但这些内容不能见报"。

每位记者对于"私下透露，不能见报"都有不同理解。有的记者认为，"私下回答，不能见报"意味着可以在不提及姓名的前提下，公开你提供的事实和线索，比较常见的表述方法就是"一位不愿意透露姓名的知情人士称……"；有些记者认为，"私下透露，不能见报"意味着你的姓名以及提供的信息虽然不能见报，但可以作为"诱饵"诱导其他采访对象透露更多信息。

因此，在接受记者采访时，你要首先推定你说的每一句话、提出的每一个案例、阐述的每一个观点都有可能被"白纸黑字"地写在正式的报道当中。

⑫避免重复记者的负面表述。

在提问的过程中，记者可能会有意或者无意地使用"负面表述"，而在你回答问题的过程中应该尽量避免重复这些词汇，即使你的本意是反驳或者否认记者的表述。因为在大多数情况下，记者提问的内容并不会出现在报道中，而你的回答却有可能会被"一字不落"地写进报道。例如，记者提问："你现在还殴打你的妻子吗?"，大部分人可能会脱口而出一个"错误答案"："我不殴打我的妻子"。这其实是在强化你不希望读者关注的负面词汇，读者反而会第一时间记住这些表述，并有可能将这些负面评价和描述与你、你的律师事务所直接联系在一起。

⑬不要在采访过程中批评你的任何一位同行或者同事——这会让你看起来十分不专业。

⑭不对假设性问题或者未经证实的第三方信息做出推测或者回应。

有时记者会提出假设性问题或者提供你无法判断真假的"第三方信息"诱导你表达一些更具"爆点"的观点——他们提出的假设性问题可能十分极端或者根本不会发生，他们提供的第三方信息，例如一位行业专家对一起重大案件的评论，可能被记者有意或者无意的曲解或者误读了，你对此作出的任何推测或者回应都可能会出现重大瑕疵或者纰漏。

因此，如果记者在提问时出现了"我们现在假设……"或者"据××律师说……"这样的表述，你可以直接礼貌地拒绝回答这些问题。

⑮不要强硬要求在出刊前审阅报道内容。

如前所述，对公关活动的控制力与对外发布内容的可信度之间在一定程度上存在反比关系，强硬审阅并要求记者修改相关报道的内容，不仅会引起记者的反感和质疑，还会削弱报道的可信度。即使你要求审阅甚至修改稿件，大部分记者也会拒绝你的要求，并认为这是对他们专业能力的质疑，或者是你想变相操控报道内容。

此外，如果你提出审阅或者修改稿件这种"特殊要求"，可能反而会勾起记者的好奇心，去探究你或者其他采访对象是不是还掌握更有"爆点"的信息，并进一步挖掘更多隐秘信息——这其中可能恰恰包含了你原本未向记者透露的负面信息。

与其以一种居高临下的态度要求审阅稿件，你也可以换一种方式，例如主动向记者提供帮助——如果记者在撰写稿件的过程中有任何专业问题，或者要确认任何采访时的细节可以直接与你联系。

⑯主动建立个人媒体关系网。

大部分记者都会被分配负责一个特定行业或者专业领域，他们会主要调查、报道这一领域或者行业内发生的新闻事件和重大案件。因此，与其花费时间和对你专注的执业领域没有兴趣的记者打交道，不如做些前期调查，例如通过记者以往报道的内容找到负责报道你关注的行业和细分领域的记者，主动和他们建立联系。

如果目标记者的微博或者目标媒体的微信公众号发布了有关行业热点法律问题或者重大案件的报道，你可以主动留言并提出自己的专业观点，成为这些记者下一次报道的"潜在采访对象"——这种主动联系可能不会一次成功，需要耐心和坚持。

此外，你还可以努力成为一个对记者和媒体"有用的人"。通常来说，记者的"痛点"是如何选题，如何找到一个有爆点、有深度、有影响力的主题。因此，如果你能为他们定期提供一些有关你的主要执业领域或者你关注的细分领域当中的新趋势、重大案件、法规动态，或者提供一些可靠信息和一手情报——一旦记者确定了跟进你提供的选题，就极有可能将你作为重点采访对象之一。另外，通过这种方式，你也能更迅速地与负责你这个行业和领域的记者建立个人联系，拓展自己的个人媒体关系网。

结　　论

　　如果你能从进入法律行业开始就按这份指南的内容踏踏实实地开展市场营销工作，经过 4～5 年时间的不断积累，你会发现自己拥有了一个十分有价值的"人际关系网"——这个人际关系网当中有你的现有客户和潜在客户，还有拥有外聘律师决策权的公司法务负责人以及能为你与潜客户创造合作机会的其他重要联系人。你也为自己的执业生涯铺设了一条"光明大道"。

　　作为青年律师，一旦你在执业生涯中发现了某些你热爱的新领域、新事物，就一定要想方设法将其融入你自己的执业领域当中——如果你能有幸完成这种"融合"，就会一直对自己的工作和专业充满百分之百的热情，一直到真正退休。

　　祝大家好运！